철부지의 삶,
개똥철학이 있어 좋다

철부지의 삶, 개똥철학이 있어 좋다

발행일   2023년 1월 5일

지은이   박종구
펴낸이   손형국
펴낸곳   (주)북랩
편집인   선일영   편집   정두철, 배진용, 김현아, 류휘석, 김가람
디자인   이현수, 김민하, 김영주, 안유경   제작   박기성, 황동현, 구성우, 권태련
마케팅   김회란, 박진관
출판등록   2004. 12. 1(제2012-000051호)
주소   서울특별시 금천구 가산디지털 1로 168, 우림라이온스밸리 B동 B113~114호, C동 B101호
홈페이지   www.book.co.kr
전화번호   (02)2026-5777   팩스   (02)3159-9637

ISBN   979-11-6836-646-6 03910 (종이책)   979-11-6836-647-3 05910 (전자책)

(주)북랩 성공출판의 파트너

북랩 홈페이지와 패밀리 사이트에서 다양한 출판 솔루션을 만나 보세요!

홈페이지 book.co.kr • **블로그** blog.naver.com/essaybook • **출판문의** book@book.co.kr

작가 연락처 문의 ▸ ask.book.co.kr

작가 연락처는 개인정보이므로 북랩에서 알려드릴 수 없습니다.

철부지의 삶, 개똥철학이 있어 좋다

보통 남편, 보통 아빠가 세월 속에서 숙성한
묵은 김치처럼 감칠맛나는 생활철학의 진수!

북랩

글을 시작하며

삶은 머금고 있는 마음에 따라 펼쳐지게 되어 있다. 세상의 이치에 어긋난 마음이 펼치는 삶은 반드시 불협화음을 부른다. 반면, 세상의 이치에 맞는 마음이 펼치는 삶은 한 치의 오차도 없이 순리대로 전개가 된다. 이것이 세상의 이치다. 그러니 가끔은 멈춰 서서 머금고 있는 마음의 상태를 살펴볼 필요가 있지 않을까 한다.

그러나 우리네 삶이 그리 여유롭지만은 않은 것이 현실이다. 멈춰 선다는 것이 그리 쉽지만도 않을뿐더러 마음의 상태를 살핀다는 것은 더더욱 어려운 일임에 틀림이 없다. 이렇다 보니 예외 없이 좌충우돌 갈팡질팡하는 질곡의 삶을 당연한 것으로 여기게 되었는지도 모르겠다. 게다가 이런 현실을 타개해 줄 유일한 대안인 교육 현장의 커리큘럼마저도 먹을거리만을 찾는 방편을 잡아주는 곳으로 전락해버린 지 오래다.

다행히도 젊은 시절에 '나는 누구인가?'에 대한 목마름이 찾아

왔고, 이를 통하여 '깨달음'에 대한 정진을 놓지 않고 살아왔다. 속칭 '마음공부'라고 통칭하는 깨우침은 그리 어려운 영역의 공부가 아니었다. 어쩌면 철학자라고 하는 선량들에 의해서 너무 높은 곳에 올려져 있었던 것이 아니었던가 하는 아쉬움이 있다.

'깨달음'은 그저 자신이 머물고 있는 마음 상태를 알아채는 것에 불과할 뿐이다. 현존하는 '지금 여기'에 머문 마음인지, 아니면 없는 영역인 과거와 미래에 기반하고 있는 마음에 머물러 있는지를 알아채는 일이다. 이를 두고 정신 차림, 깨우침, 철듦 등으로 부른 것이다. 한마디로 '마음공부'는 철드는 공부임에 틀림이 없다.

태어나 철이 드는 첫걸음은 대소변을 가리는 것이었다. 어릴 적 부모님은 이불에 지도를 그리는 날이면, 키를 씌워 소금을 받아 오게 할 것이라는 엄포를 놓곤 하셨다. 어린 소견에도 대문 밖을 나서서 당할 수모를 생각하며 움찔했던 추억이 있다. 이런 때를 즈음하여 우리는 철이 들어야 함을 강요받으며, 나이를 먹었는지도 모른다.

인간의 삶이라는 것이 거창해 보이지만 돈, 사랑, 명예, 인연, 자존심, 건강, 종교 등을 영위하는 것에서 벗어나지 않는다. 하여 철이 든다는 것은 이런 것들을 영위하고 살아가는 통상적인 범주의 틀에 기꺼이 갇혀서 살기를 선언하는 것이나 다름없다.

인간 마음에 있어 철부지는 통상적인 관념과 관습을 벗어나 있는 상태를 의미한다. 그러므로 철이 들라는 것은 인간의 관념과 관습의 틀에 묶이라는 것과 마찬가지다. 그러나 한편으로는 철이 들었다고 하는 것이, 어쩌면 본래 인간이 가진 본성을 포기했다는 걸 의미하는 것인지도 모를 일이다.

하여 진리의 입장에서는 인간 마음에서 비롯된 철이 든다는 것이 그리 달가울 리가 없다 할 것이다. 왜냐하면, 신의 처지에서는 인간들의 모든 삶이 철부지로밖에 보이지 않을 것이 분명하기 때문이다. 그러므로 진짜 철부지는 진리의 삶을 포기하고, 가짐의 삶을 향하고 있는 인간들임에 틀림이 없다.

나의 삶 또한 이런 삶을 벗어나 살지 않았다고 자신할 수가 없다. 철부지임에 변명의 여지가 없다. 철부지가 확실하다. 그러나 알고도 모른 척하고 무턱대고 살아갈 정도로 염치없는 놈은 아니었는지, 어느 순간부턴가 지금 이대로 살다가는 개과천선할 기회조차 얻지 못하고 생을 마감하겠다는 초조함이 들었다. 그래서 기도하듯이 글을 시작했다. 일을 마치고 자판을 두드려 기도하다가 잠들었다. 새벽에 일어나 기도의 자판을 두드리고 출근했다. 그 기도의 결과물을 이렇게 드러내게 되었다.

글은 한마디로 개똥철학이다. 그러나 아무리 개똥철학이라고 해도 철학은 철학이다. 하룻밤에 후딱 읽는 소설처럼은 읽지 말기를 부탁하고 싶다.

내용은 말 그대로 개똥만도 못한 내용이다. 먹고사는 것과는 거리가 먼 얘기들뿐이다. 하여 가로세로 난도질해도 되고, 갈아엎어서 뭉개지도록 파헤쳐도 전혀 문제가 될 것이 없다. 읽으면서 난도질도 하고, 뭉개지도록 짓밟아도 주길 바란다. 그것도 아주 시원하게.

　모쪼록 철부지를 면하는 뿌듯한 기도 정진의 시간이었으면 하는 바람이다. 철부지가 쓴 개똥만도 못한 이야기를 펼쳐 주심에 깊은 감사를 드린다. 모두 진짜 세상에서 만나 뵙기를 고대한다.

차
례

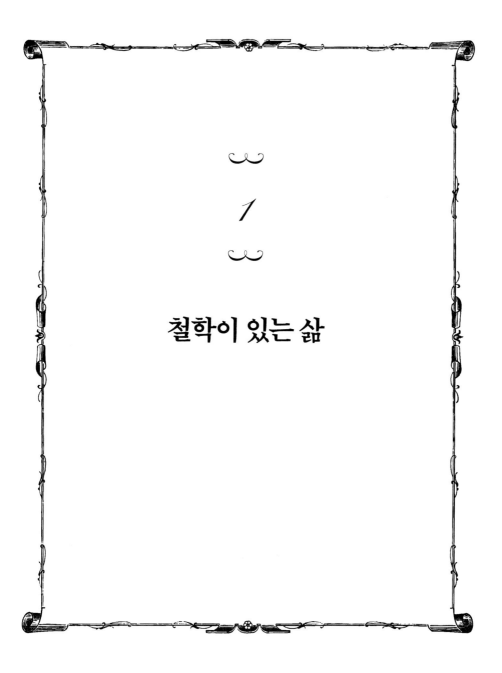

1

철학이 있는 삶

철학이 그리운 시절

"개똥도 약에 쓰려면 없다"라는 말은 그렇게도 흔하디흔하던 것이 막상 필요해서 쓰려고 하면 보이질 않는다는 의미이다. 철학이 그런 꼴이다. 하찮게 여겨 "개똥철학"이라는 말로 폄훼하던 학문이었다. 철학은 시답지 않게 폼이나 잡으려는 자들이, 비렁뱅이가 될 각오하에 기웃거리던 학문이다. 철학은 이런 취급을 받던 학문이다. 그런 학문인 철학이 요즘처럼 그리운 적이 없다. 나이가 들어가나 보다. 내가 어른의 모습인지를 자문하는 걸 보면 더욱더 그렇다. 철이 들려고 그러는 것이면 좋겠다.

철학은 철드는 공부다. 그러니 요즘처럼 이리 소홀하게 대접해서는 안 되는 영역이다. 어찌 보면 철이 든다는 것은 삶의 맛을 음미할 줄 알게 된다는 의미를 담고 있는지도 모르겠다.

계절에 따라 사는 맛은 다양하게 다가온다. 그래서 계절을 기다리기도 하고 가는 계절을 아쉬워하기도 한다. 음식도 제철 음식이라야 그 맛을 제대로 느낄 수가 있는 것처럼 말이다.

철듦도 이와 다르지 않다는 생각이다. 철이 든다는 것은 무엇일까. 그것은 나이에 걸맞게 펼쳐지는 삶의 우여곡절을 되치고 메치며 헤쳐 가는 여유를 찾아가는 것이다.

철드는 공부가 요즘처럼 소외된 적은 없었지 싶다. 교과과정에서도 그 위치를 잃어버린 지가 오래전이다. 초등학교는 물론이고 중고교 과정에서도 철학 영역은 찾을 수가 없다. 상아탑이라고 자부하는 대학에서도 그 존재는 미미하기만 한 처지가 되었다.

성공이라는 기준점을 아예 부의 축적 여부로 판가름하는 시절이기는 하다. 그러니 교육정책도 이를 최대한 반영하고 있다고 봐야 한다. 초중고 과정은 순위가 매겨진 대학을 가기 위한 서열 다툼의 장으로, 대학은 밥벌이를 위한 취업의 한 과정이 되어 버린 지가 오래되었다.

인간의 평균수명은 대략 80년 정도다. 그중 활기차게 활동할 수 있는 기간은 잘해야 60년이다. 그렇다면 학교에 다니는 기간인 20여 년은 참 귀중한 시간이다. 일생의 1/3이나 되는 시간이니 말이다. 이런 귀중한 시간을 단지 대학 진학과 취업을 위한 시간으로 허비해야 한다는 것은 크나큰 오류다. 오류는 철학의 부재가 가져온 것이 분명하다.

삶이 무엇을 향해 가거나 달성해야 할 목표가 있어야 한다는 착각이 빚은 난센스다. 개똥철학에 관심을 가질 만한 여유가 없기에 그렇다고 항변만 할 일은 아닌 것 같다. 난센스가 불러온 결과는 실로 엄청나다.

자연임을 잊은 인간은 끊임없이 발전 지향적으로 내달렸다. 당연히 지구생태계를 지탱하는 순환시스템에 엄청난 충격을 주었다. 그 결과 지구환경은 인간이 예측하기 힘든 상황을 맞이하게 되었다.

전 세계를 혼란의 도가니에 빠뜨리고 있는 코로나19는 어찌 보면 당연한 결과인지도 모른다. 이런 와중에서도 지도자를 자청하는 이들의 안중에는 그저 자기 나라와 자신들의 안위뿐이다. 철든 어른들의 모습은 그 어디에서도 찾아보기가 어렵다. 조금이라도 개똥철학을 접했더라면 하는 아쉬움이 남는다.

철학은 거창하지도, 고상하지도 않다. 철학은 먹을거리만을 탐닉하는 것이 아닌, 삶을 음미하는 맛을 알게 하는 학문이다. 그 무엇과도 비교가 되지 않는 중요한 일이다. 그러니 철학의 부재는 작금의 상황을 불러오기에 충분한 이유라 할 수 있다.

현재의 과학 문명을 인간은 눈부신 발전이라고 자부하고 있다. 불과 100년 남짓한 기간의 결과다. 그렇다면 앞으로 전개될 100년은 어떤 결과를 가져올지 실로 예측하기가 어렵다. 단정할 수 있는 것은 현재 빚어진 순환시스템 파괴의 결과와는 비할 바가 아닌 결과가 예견된다는 사실이다. 그러니 앞으로의 100년이 과연 인간에게 온전히 주어질지도 의문이기는 하다.

이런 철학의 부재는 어쩌면 철학인들이 벌여 놓은 일인지도 모른다. 철학을 단순히 자신들의 지식을 뽐내는 도구로만 여긴 결과가 아닐까 한다. 여기에 덧붙여 철학을 어렵고 고리타분한 학문으로 변질시킨 아둔한 철학자들이 한 몫을 더했다고 봐야 한다.

철학은 어려운 학문도 고상한 학문도 아니다. 철학은 알싸하게 입맛을 돋우는 봄 씀바귀를 맛깔나게 무쳐내는 것과도 같다. 삶의 지혜를 터득하는 과정이다. 그러니 어쩌면 진정한 철학자는 우리의 할아버지와 할머니이고, 어머니와 아버지이고, 선생님과 선배이고, 친구이고, 사랑하는 아내와 남편이 아닐까 한다.

갈피를 종잡을 수 없는 시절에 이르러서야 깨닫게 된다. 평범한 일상이 이리 소중하고 감사하다는 것을. 그래서 철학이 더 목마르게 다가오지 싶다. 아무튼, 철학이 그리운 시절인 것만은 분명하다.

나 돌아갈래!

"나 돌아갈래!"

박하사탕에서 주인공 영호(배우 설경구 분)가 철교 위에서 외치던 영화 속 명대사다. 이젠 정말로 예전의 일상으로 돌아갔으면 좋겠다. 돌아간다고 해서 딱히 해야 할 것이 있다거나 하고 싶은 것이 정해진 것은 아니다. 돌아가면 뭘 하고 싶은데 하고 묻는다면 제일 먼저 동네목욕탕에 가고 싶다고 말하고 싶은 요즘이다.

지구촌은 2년째 코로나19의 팬데믹 상황에 몸살을 앓고 있다. 백신이 개발되었다고는 하나 전개되는 상황은 그리 녹록하지가 않아 보인다.

치료의 기본은 진단이다. 병이 난 원인을 알아야 근본적인 치료가 가능하기에 그런 것이다. 그러니 백신이 개발되었다고는 하지만 여러 면에서 팬데믹을 종식하기에는 근본적인 대응 방법을 찾았다고 보기가 어렵다. 왜냐하면, 코로나19가 발현된 원인 규명과 이를 통하여 인류가 직면한 현실을 정확하게 직시하는 것이

근본적인 대응 방법이기에 그러하다. 그렇지 않고서는 인류에게 닥칠 계속되는 팬데믹에 의한 대혼돈은 불을 보듯 자명하다.

코로나19를 통하여 신은 우리에게 무엇을 일깨워 주려 하는 것인지를 생각해 보게 된다. 세상의 모든 일은 인연에 의하여 전개되고 있다. 하나도 허투루 흘리거나 버릴 것이 없다는 뜻이다. 그러니 작금의 팬데믹 상황을 그저 극복하고 넘어가는 인류의 골칫거리로 여겨서는 안 된다.

우선 코로나19는 우리에게 일상의 삶이 얼마나 귀중한 것인지를 일깨워 주고 있다. 사소하게만 느껴졌던 일상이 이렇게 절절하게 그리운 적이 언제 있었던가? 아무리 곱씹어 봐도 그런 적은 없었다.

또 하나, 코로나19는 이기적인 탐욕에 눈이 먼 인간의 어리석음에 경고를 보내고 있다. 코로나19는 지구상에 불현듯 나타난 외계에서 온 생명체가 아니다. 그것은 인간이 불러내기 전까지는 지구의 어느 깊숙한 곳에서 인간과의 거리를 적당하게 유지하고 있었다. 그러나 인간은 룰을 깨뜨리고 판도라의 상자를 열었다. 상자를 연 열쇠는 기후변화가 분명하다.

과학의 발전이라고 떠드는 인간 문명은 엄청난 에너지가 필요하다. 에너지가 없으면 인간은 아무것도 할 수가 없다. 그러니 인간은 에너지를 구하려는 데 혈안이 될 수밖에 없다. 그 결과 지구는 에너지를 얻느라 발생시킨 오염 덩어리로 중병이 걸려 목숨이 위태로운 지경에 처했다.

코로나19는 늦었지만, 이제라도 종말로 달려가는 폭주 기관차의 브레이크를 잡아야 한다는, 인류에게 보내는 마지막 경고음일지도 모른다.

코로나19의 종식을 고대하고 있다. 그러나 그에 앞서 나부터 생각을 달리하는 삶을 살아보려 한다. 평범한 일상 속의 행복을 보듬는 삶, 순리의 자연 마음을 닮은 삶, 항상 감사와 기도하는 삶을 실천해야겠다.

방생

"그래, 어디 그럼 네 멋대로 한번 살아봐!"

흔히 자식이 말을 안 듣고 고집을 부리는 경우, 부모가 노여움에서 내뱉는 말이다. 전해진 말속에는 뼈가 있다. 내 말을 안 듣고 네가 하고 싶은 대로 했다가는 틀림없이 어려움을 당할 것이라는.

응원을 보내는 말은 아니다. 분명한 경고의 메시지가 담겨있다. 자식의 뜻을 꺾고 굴복시켜서 내 마음대로 내가 원하는 방향으로 끌고 가야만 하겠다는. 이뿐만이 아니다.

"어디 네 멋대로 해서 잘 사는지 두고 보자"

기어이 강편치를 날려서 대못을 박는다. 이 정도면 대부분은 부모와 원수가 되는 걸 원치 않기에 계획했던 것을 포기하거나 한 발짝 뒤로 물러서게 된다.

부모라고 해서 본인이 주장하는 것에 대한 확실한 데이터나 근거가 있는 것도 아니다. '단지, 그간 자식이 해온 행동을 비추어 짐작하건대, 미덥지 못하다. 본인의 경험에 비추어 짐작하건대,

심히 걱정이 앞선다. 그러니 미리 불상사를 사전에 막는 것이 좋겠다.'라는 개인적인 판단에서 비롯된 것일 뿐이다. 부모와 자식은 예사 인연이 아니다. 그런데 어찌하여 이렇게 심한 말을 주고받는 사이가 된 것일까?

자연과 일체화되어 살아가는 야생의 동물일수록 새끼를 강하게 키우고 매정하게 독립시키는 경향이 있다고 한다. 그래야 제대로 홀로서기를 하여 살아남을 확률이 높기 때문이다. 사람과 비교해서 수유 기간도 매우 짧다. 수유가 끝남과 동시에 생존을 위한 먹이를 구하는 방법을 전해준다. 자연에 순응하여 본능적으로 움직인다. 어미는 새끼들이 빨리 자신에게서 벗어나게 하여 자립시키는 것을 최우선으로 삼는다. 포유류가 아닌 경우에는 이러한 경향이 더욱더 두드러진다.

바다거북이 같은 경우 모래톱에 구덩이를 파고 알을 낳아서 덮고는 그대로 바나로 들어가 버린다. 참 시크하기만 하다. 또 식물은 어떤가. 열매가 여물어 익으면 툭 하고 터트러서 바람에 날려 버리는 것으로 번식을 마친다.

이에 견주어 인간의 자식에 대한 보호 본능은 유난히도 강하다. 자연성으로부터 멀어진 만큼 물질문명이 팽배해진 만큼 그 경향성은 더욱더 두드러진다. 어린 시절의 원만한 애착 형성은 살아가는 과정에 있어 미치는 영향이 매우 크다. 하지만 그 정도가 지나치면 문제가 된다.

현대에 오면서 보살펴 주는 기간은 점점 늘어나는 추세다. 아니 늘어난 정도가 아니다. 기간이라는 개념이 사라진 것도 같다. 애착을 넘어 집착이다. 집착 정도로 봐서는 아바타를 만들고 있지는 않은지 심히 걱정이다.

이러한 원인의 발단은 저출산의 영향이 가장 크다고 볼 수가 있다. 자식을 한둘밖에 두질 않으니 당연히 과잉보호 본능이 작용할 수밖에 없다. 곁들여 부와 명예가 성공의 기준이라는 인식의 왜곡 또한 만만치가 않다. 성공시키려는 집착은 하늘을 찌를 듯 높기만 하다.

집착에 가까운 조기교육의 열풍, 출발선을 조금이라도 앞당겨 주려는 불공정한 게임에 멀어버린 눈, 내가 이루지 못한 것을 대리하여 이루어 보려는 망상적인 성공에 대한 집착 등 여러 가지 반사회적인 현상은 여러 측면에서 심각한 문제를 야기하고 있다.

이러한 반사회적인 현상 중에서 가장 대표적인 것이 '캥거루족'이다. 태어나 어미의 주머니에서 키워지는 캥거루 새끼에 비유하여 경제적으로 독립하지 못하고 부모의 도움을 받고 사는 젊은 세대를 일컫는 말이다.

일자리가 부족한 경제 상황이 일부 반영되어 그렇게 된 사정이 없지는 않다. 그러나 자신들이 세워 놓은 기준점에 부합해야 한다는 전제를 세우고는 이를 낮추거나 없앨 생각을 하지 않는다. 책임을 정부와 사회의 탓으로 돌리거나 아직 기회가 남아 있을 것이라는 막연한 기대감으로 무턱대고 직진한다.

자신의 삶을 남에게 의존한다는 것은 나의 자유를 속박해야 한다는 전제를 가진다. 내가 보살피고 도움을 줘야 하는 존재에게 간섭하거나 대가를 바라는 것은 어쩌면 당연하다. 의존하는 쪽이 그것을 거부하거나, 도움을 주는 쪽이 그 선을 넘는 경우, 당연히 서로에 대한 원망과 갈등이 일어나게 마련이다.

　자식과 부모라는 인연 관계에서는 이러한 논리가 더욱더 복잡하게 펼쳐진다. 왜냐하면, 서로가 '당연한 것'이라는 전제가 있기에 그러하다. 당연한 일이라는 전제 앞에서 서로에 대한 배려나 이해는 무시된다. 그러니 원망과 갈등의 표출로 서로에게 "내 멋대로 살겠다, 네 멋대로 살아라."라고 하는 말을 스스럼없이 내뱉게 된다. 사랑하고 보살펴 줘야 한다는 전제하에 서로 행복해 보자는 좋은 뜻에서 그랬다고 주장하고 있다.

　서로에 대한 허탈감과 자괴감은 이루 말할 수가 없다. 어느 한쪽이 포기하거나 이해하기라도 하면 좋으련만, 그렇지 않은 경우가 대부분이다. 극단적으로 치달아 서로에 대한 반목으로 심한 갈등을 겪는다. 자칫 가족이 와해되는 지경에 이르기도 한다.

　방생이라는 불교 용어에 답이 있지 싶다. 방생(放生)의 사전적인 의미를 보면 "불살생과 비폭력을 적극적으로 실천하고 공덕을 얻기 위해 사람에게 잡힌 물고기나 새, 짐승 따위를 산이나 물에 놓아주는 불교 의례"라고 한다.

　예전에는 방생 법회라고 하여 음력 삼월 삼짇날이나 팔월 보름에 각 사찰에서 대규모로 행사가 치러지기도 했다. 그러던 것이 방생을 위해 상업적으로 어류를 잡아들여야 하는 아이러니한 상황이 연출되었고, 비판적인 여론에 밀려서 요즘에는 행사가 축소되거나 유명무실해졌다.

　그러나 방생의 의미는 그런 것이 아니었지 싶다. 진정한 방생은 가두어 놓지 않는 것, 간섭하지 않는 것, 세상을 향해 자유로운 비상을 하게 하는 것 등, 말 그대로 가까운 인연에 대한 집착의 끈을 풀고 세상에서 자유롭게 살도록 하는 것을 의미한다.

우리는 가까운 사이일수록 염려하고 보살펴 줘야 하는 일을 당연하다고 여긴다. 또 그것이 미덕이라는 고정관념을 가지고 산다. 부부 사이, 부모와 자식 사이, 형제간, 연인 사이가 특히 그러하다.

서로를 '내 것'이라고 하는 소유의 개념을 가지고 있다. 그래서 상대방이 '나의 기준'에 부합하기를 바란다. 이를 거부당하거나 자신이 만들어 놓은 틀에서 조금이라도 벗어날 경우, 상대방을 향해 압박을 가하거나 속박하기를 서슴지 않는다. 그 도가 지나치게 되면 법에 호소하여 이를 회피하려고도 한다.

부부의 인연이 끊어지는 과정이 그 대표적인 사례라고 할 수가 있다. 그러나 부모와 자식 간은 법으로도 호소할 방법이 딱히 없다, 그러니 극단적으로 흐르는 경우도 발생한다. 종종 언론에 보도되기도 하는 것을 보면 결코 예사롭게 넘길 일은 아니다. 순리와 지혜가 부족하여 그러고들 있으니 안타까울 뿐이다.

이렇게 보면 가까운 인연의 방생만큼 의미가 있고 지혜로운 선택은 없지 싶다. 인간은 본래 자연으로서 자유롭고 행복하게 사는 순리의 삶을 보장받고 세상에 태어난다. 그러니 이런 기본적인 권리가 구속받게 되거나 거부당하게 되면 심한 스트레스에 시달린다.

이것은 자연스러운 이치고 결코 변할 수 없는 법칙이다. 피를 나눈 인연이라고 해도, 부양을 책임지고 있는 보호자라고 해도,

사랑하는 사이라고 해도 마찬가지다. 그 어떤 것도 이를 거스를
수는 없다.

　나는 나, 당신은 당신.
　내가 이 세상에 존재하는 것은 당신의 기대에 부응하기 위한 것이 아니다.
　그리고 당신이 이 세상에 존재하는 것은 나의 기대에 부응하기 위한 것이
아니다.
　나는 나, 당신은 당신.
　만약 인연이 있어서 우리가 서로 만날 수 있다면 훌륭하고 멋진 것이다. 만
날 수 없다면 그것은 도리가 없는 것이다.

　이글은 심리학의 한 주류인 게슈탈트(Gestalt)의 기도문이다. 차
갑고 매몰차게 들릴 수도 있다. 하지만 기도문은 인간의 본성을
정확하게 꿰뚫어 삶의 지표를 제시하고 있다.
　기대와 부응은 사랑이 아니다. 하늘에서 부여받은 자신의 자유
와 행복을 누리는 만큼, 소중한 인연도 그리되도록 배려해야 한
다. 그래야 사랑이다.
　기도문은 부부 훈이나 가훈으로 삼아도 전혀 손색이 없다. 되
새기면 되새길수록 가슴에 와닿는다. 지난 일들을 되돌려 보게
한다. 하나의 완전한 개체로 자연스럽게 독립할 수 있도록 응원
하며 덤덤하게 지켜보지 못한 것을 반성하게 한다. 내 주장만을
앞세우느라 묵묵히 들어주고 격려해 주지 못한 것을 후회하게
한다.
　가을날, 대추나무에 매달린 붉게 여문 대추 한 알도 마주해야

했던 몇 개씩의 태풍과 천둥과 벼락이 있었고, 땡볕과 무서리를 견디며 보낸 인고의 날들이 있었다는 것을 장석주 시인은 노래했다.

열매 한 알도 그저 얻어진 것이 아닌 것처럼, 우리의 삶도 다사다난함이 배어 있어야 제맛이 난다. 그러니 가까운 인연의 고난과 역경에 함부로 간섭해서는 곤란하다. 고난을 극복하고 승화시켜 가는 모습을 기꺼이 참고 기다려 주어야 한다. 내공을 길러야 한다는 것은 이를 두고 하는 말이다.

미소를 머금고 묵묵히 지켜보는 것, 그저 슬며시 손을 잡아 주는 것, 잠시 어깨를 내어주는 것, 일으켜 세우고 출발선에 다시 서게 하는 것, 입은 상처를 보살펴 주는 것, 처진 어깨를 토닥여 주는 것, 함께하고 있다고 고개를 끄떡여 주는 것 등. 이 모든 것은 내공을 가진 사람만이 할 수가 있다. 이런 것이 진짜 '응원'이다.

"자기만의 멋대로 살라."라고 하는 말은 자기 자신만의 멋을 찾아서 가꾸고, 그 멋을 맘껏 부리며 살라는 말이다. 어쩌면 이 말은 인간에게 명령한 '신의 계시'인지도 모른다. 왜냐하면, 세상의 모든 생명체는 각기 고유한 품성을 가지고 태어났기에 그렇다.

세상에 똑같은 품성을 지닌 개체는 하나도 없다. 같은 부모에게서 같은 때에 태어난 쌍둥이라고 해도 마찬가지다. 그러니 각 생명체는 자기 자신만의 고유한 멋을 부리며 사는 것이 당연하다.

더욱이 사람이라면 마땅히 누려야 할 고유의 가치인 동시에 삶의 목적이다. 그러므로 누구나 나만의 고유한 멋으로 멋지게 살아야 한다. 아울러 맺어진 인연들 또한 자기만의 달란트로 멋지게 살도록 응원해야 한다. 이것은 결코 잊어서는 안 될, 꼭 지키며 살아야 할 귀중한 덕목임에 틀림이 없다. 이제는 인연을 흔쾌히 '방생'해야 한다. 그리고 진심으로 외쳐주어야 한다.

"그래, 네 멋대로 살아!"

어부와 그물질

둘레가 100여 리(里)나 된다는 저수지의 상류에서 나고 자랐다. 저수지는 가을부터 봄까지가 만수위다. 넘실대는 물결과 규모가 바다와 다름없다.

여름의 저수지는 어머니가 수유하는 것처럼 논과 밭으로 물을 보낸 후 바닥을 그대로 드러낸다. 마을 앞은 뽀얀 모래밭이 사막처럼 펼쳐진다. 시냇물은 모래밭을 갈라 뱀이 기어가듯 물길을 내고 아래로 내려간다.

이 무렵부터는 천렵의 계절이다. 미루나무 그늘에는 엉덩이만 한 돌 두 개를 사이에 두고 양은솥단지가 걸린다. 피라미와 모래무지 등 민물고기가 고추장과 더해져 얼큰하게 고아진다. 막걸리에 취기가 오른 어른들의 농악 장단이 울려 퍼지면 아이들은 괜스레 들판을 내달렸다.

어린 시절의 고기잡이는 원시적이다. 번듯한 그물은 언감생심 꿈도 못 꾼다. 도구랄 것도 없이 그저 어깨너머로 전수한 전통방

철부지의 삶, 개똥철학이 있어 좋다

식으로 물고기를 잡았다.

피라미를 잡는 도구는 간단하지만 야무진 방법이었다. 구멍을 낸 비닐로 양은그릇을 덮고 검정 고무줄로 묶으면 된다. 미끼라고 해봐야 장독대에서 퍼온 된장 한 줌이 전부다. 이렇게 만들어진 보쌈을 물속에 묻어 놓기만 하면 그만이다. 워낙 피라미가 많아서 그런지는 몰라도 20~30분 후에 건져보면 양은그릇엔 언제나 그득하게 피라미가 들었다.

좀 더 도구답다면 삼태그물과 족대 정도. 이도 저도 변변치 않을 때는 미루나무를 발처럼 엮어서도 아주 유용하게 물고기를 잡았다. 미루나무 발을 사용한 고기잡이는 붕어가 산란하는 봄철이라야 안성맞춤이다. 적당하게 물이 흐르는 개울을 골라 미루나무 발을 댄다. 흐르는 물에 된장을 푼다. 산란을 위해 물길을 따라 시냇물을 오르던 붕어는 된장 냄새를 맡고 발을 댄 개울로 방향을 틀어 떼를 지어 모여든다.

수십 미터에 걸쳐 붕어 떼가 몰리면 시냇물과 맞닿은 곳에 발을 대어 붕어가 시냇물로 내려가는 걸 막는다. 동시에 발을 댔던 개울의 물길을 흙으로 둑을 쌓아 막는다. 개울물은 순식간에 말라버리고 바닥에는 살이 통통하게 오른 손바닥만 한 붕어가 배를 깔고 숨을 헐떡인다. 그대로 양동이에 주워 담기만 하면 된다. 어획량은 동네잔치를 하고도 남을 만큼 풍성했던 기억이다.

원시에 가깝던 고기잡이는 투망이 보편화되면서 보기가 힘들어졌다. 투망은 멀리 넓게 던져 펼치기만 하면 되는 그물이다. 쉽고 간단하게 물고기를 건져 올릴 수 있으니 편리하기가 그만이다. 투망은 펼쳐지는 면적에 따라 끌려 올라오는 물고기의 개체 수가 확연하게 다르다. 멀리 넓게 던졌을 때는 씨알이 굵고 마릿수가 제법 많다. 수면 가까이 좁게 펼쳐지면 씨알도 자잘할뿐더러 어획되는 양 또한 보잘것없다.

인간의 삶도 그물질과 닮아있지 싶다. 특히나 자식을 키우는 데는 그 상황이 더욱더 그러하다. 자식은 성인이 되어 독립할 때까지는 부모의 영향력 안에서 자란다. 영향력은 투망의 그물질 내지는 가두리양식을 위해 둘러쳐 놓은 그물이라 할 수 있다.

멀리 넓게 펼쳐진 그물에서 자란 자식과 좁은 그물에서 자란 자식은 확연하게 다르다. 그물의 크기에 비례하여 인성의 그릇도 다듬어지기에 그렇다. 아이가 유독 신경질적이거나, 유난히 짜증이 많거나, 무척 예민한 경우 부모는 자신이 그물을 협소하게 던져 놓고 있다는 걸 인정해야 한다.

어부는 그물을 조용히 에둘러 천천히 친다. 물고기가 눈치를 채지 못하게 아주 멀리멀리 돌아 그물을 내린다. 그래야 한다는 걸 어부는 익히 알고 있다. 그렇지 않으면 허탕을 치기에 그러하다.

아이는 다듬어지지 않은 원석이다. 어떤 그릇이 될지는 아무도 모른다. 아이는 야생이다. 야생은 틀에 갇히는 것을 원치 않는다. 그물에 갇혔다는 걸 인지하는 순간부터 요동을 치기 시작한다. 그물에 갇혀 요동치는 아이를 달래는 일은 녹록하지가 않다.

가장 좋은 방법은 내린 그물을 걷는 일이다. 그러나 그런 부모는 그리 많지 않다. 고집스럽게 내린 그물을 걷는 걸 거부하고 외려 작은 틈새도 용납할 수 없다는 듯 이중 삼중으로 그물을 덧대기에 급급하다. 그러니 원석은 그릇이 되기도 전에 망가지거나 부서진다.

 허탕을 칠 바에는 외려 그물을 펴지 않는 것이 훨씬 좋다. 괜히 어설픈 그물질에 놀라서 물고기만 도망가 버린다. 부모로서 그물을 치려거든 아주 넓고 아주 깊게 칠 일이다. 그래야 아이가 그물에 갇힌 줄을 모른다. 아이는 그물의 크기만큼 헤엄칠 것이다. 동해나 서해 아니 남해도 좋다. 최소한 그 정도는 되어야 그물이라고 할 수가 있다. 더하여 대서양이나 태평양처럼 펼친다고 한들 누가 뭐라 하지 않는다.

 그런 면에서 보면 어설픈 부모로서 어부랄 것도 없는 어부 노릇을 한 것에 대하여 후회가 많다. 되돌릴 수도 없는 일. 딸아이에게 아주 미안하기만 할 따름이다. 어설프게 친 나의 그물에 걸려 아이는 적잖이 당황도 하였고, 많이 허우적거렸던 것으로 기억된다.

 딸아이는 이제 다 자라 결혼했다. 딸아이도 언젠가는 부모가 되어 그물을 치게 될 것이다. 그때의 딸아이는 제발 나와 같은 우를 범하지 않기를 바란다. 그래서 조용히 속삭여 주려 한다.

 "그물은 무한대 우주만큼 치는 거야."라고.

자존심

　　　　　　　　　갈등과 시비분별(또 다른 말로 참견과 잔소리)
을 하는 것은 내 오만 번뇌에 타인의 오만 번뇌를 추가하여 십만
의 번뇌를 하게끔 한다. 오만 번뇌에도 갈피를 못 잡고 갈대처럼
흔들리는 것이 사람의 마음이다. 그러니 십만 번뇌는 더 말해서
무엇하랴.

　좌충우돌하는 마음이 태풍 전야의 상태로 변하는 것은 순식간
이다. 이런 상태가 지속하게 되면 머리가 지끈거리는 편두통이
시작된다. 십만의 번뇌는 긴장을 고조시키며 심장 박동을 빠르게
한다. 그 타인과 한 공간에 있는 시간이 싫어진다. 그 공간이 가
정이면 가정을 떠나고 싶어지며, 그 공간이 일터면 출근을 하는
것이 괴롭다.

　뻐근한 뒷덜미와 편두통, 일시적으로 조여 오는 심장 통증으로
급기야 뇌혈관 조영 검사를 받는 지경에 이른 적이 있었다. 검사
는 대퇴동맥에 카테터(도관)를 삽입하여 뇌혈관을 촬영한다. 핏줄

을 통하여 이물질이 삽입되는 과정이니 그리 상쾌한 기분은 아니다. 게다가 촬영의 순간은 자유의지가 박탈되는 기분에 겹쳐, 눈이 아닌 곳에서 아주 작은 번갯불이 번뜩이듯 스파크가 일어나는 걸 경험한다. 한순간이지만 나의 몸 전체가 타인에 의하여 지배당하는 묘한 감정을 불러오기도 했다. 다행히도 최종 검사결과 뇌혈관의 막힘이나 이상으로 일어난 편두통은 아니었다.

당시 회사의 모든 살림을 도맡아야 하는 자리에 있었으니 두말할 필요도 없이 업무가 과중할 수밖에 없었다. 이런 와중에도 업무를 분담시킬 만한 직원은 고사하고 협조해야 할 직원조차도 시어머니 노릇을 하려 드니 난감하기가 그지없었다.

'그래 네가 스승이다. 하나님이 보내신 천사이니 무릎을 꿇고 가르침을 받들자.' 하다가도 불덩이가 치밀어 올라오는 것은 어쩔 수가 없었다. 이러니 마음은 점점 밴댕이 소갈딱지가 되어갔다.

오그라는 마음은 온몸의 세포를 긴장으로 몰고 간다. 몸이 경직되면 핏줄이 오그라들어 혈액순환이 정상적일 수 없다. 당연히 몸은 두통을 동반하여 경고음을 내게 된다. 이때는 멈추지 않으면 화를 면하기가 어렵다.

사회생활을 하다 보면 상대방과 대척점에 서는 일은 다반사다. 가정사도 조금 다르기는 하지만 부모와 남편과 아내라는 지위를 내세워 참견과 잔소리를 하게 된다.

이럴 때는 어김없이 상대의 오만 번뇌에 내가 개입을 하는 것인 동시에 그 오만의 번뇌를 내가 짊어지게 된다. 오만 대군에 오만 대군을 더해 십만의 군대와 대적해야 하니, 감당하기란 여간 고역이 아닐 수 없다.

번뇌 대부분은 망상이다. 그 망상으로 에너지의 90% 이상을 허비하고 있으니, 몸은 천근만근이 된다. 휴식을 취한다고 해도 망상을 붙들고 있어 편하질 않다. 잠을 잔다고 잤어도 개운하지 않아서 괴롭다.

망상은 상대방의 강요 때문에 넘겨받은 것이 아니다. 본인이 자초한 일이다. 자초의 원인은 당연히 욕심과 집착이다. 얄팍한 자존심을 지켜보겠다고 화를 자초한 일이다. 괴로우면 놓으면 된다. 자존심은 이럴 때 필요하다. 나 자신을 컨트롤 할 때 써야 진짜 자존심이다. 집착과 욕심을 내려놓는 자존심, 한번 부려 봄 직하다.

귀의

선산엘 다녀왔다. 토요일 아침 흰색 국화 꽃 서른 송이를 차에 싣고 선산으로 출발했다. 작은형님 내외와 아내까지. 이날 동행한 일행은 총 넷이다. 예년 같으면 부처님 오신 날이 종친회가 주관하는 합동 추모제와 정기모임을 하는 날이다. 그러나 이번에는 그 일정이 앞당겨졌다.

정상적으로 행사를 진행했더라면 못해도 아이들까지 포함해서 참석자가 스무 명 남짓은 되었을 것이다. 그러나 올해는 코로나19의 상황으로 어쩔 수 없이 행사하지 않는 것으로 결정했다. 그런데도 그냥 넘어가기엔 서운하여 총무가 대표하여 산소에 헌화하는 것으로 했다.

종친회는 증조부를 선대로 그 후손들이 모였으니, 회원이라야 그리 많지 않다. 다행히 아버지와 당숙이 마련한 작은 선산이 있어 대종중과는 별개로 운영이 된다. 벌써 촌수 관계는 9촌까지 내려와 있다. 선산을 관리한다든지 종중의 주요 안건을 협의하는 일에서도 6촌까지에서 결정돼 숙부와 당숙께 보고하는 선에서 마무리가 된다. 그래도 종친회의 총무 소임을 맡아서 대소사를 진행하는 일은 그리 수월한 것만은 아니다. 그중에서도 추모제를 지내는 일과 벌초를 비롯한 선산을 관리하는 일은 연례행사로서 언제나 부담스럽다. 우여곡절을 거듭한 끝에 제사는 간소화하기로 해서 한결 수월해졌다. 하지만 벌초를 비롯한 산소를 관리하는 일은 쉽게 매듭을 짓기가 만만하지 않다.

십수 년 전, 기제사와 명절에 지내는 차례를 중단했다. 대신 1년에 한 번 선산에서 합동 추모제를 지내는 것으로 결정했다. 당시만 해도 이러한 안건을 논하는 것은 한마디로 혁명에 가까운 일이었다.

제사는 조상을 추모하고 형제간의 우애를 다질 수 있는 좋은 미덕임에는 틀림이 없다. 그러나 이런 순기능에 못지않게 집안을 어지럽게 하는 분란 거리의 원인으로도 자리매김한다. 더군다나 교회를 다니는 식구들이 있는 경우에는 일이 조금 더 복잡한 지경에 이르기도 한다. 이처럼 제사는 어느 집을 막론하고 골칫거리 내지는 스트레스의 원인임에 틀림이 없다.

대부분 그 골칫거리를 감내해야 하는 것은 장남이거나, 스트레스에 시달려야 하는 주체는 며느리인 여자들이다. 그러니 합동 추모제로 방향을 전환한 일은 며느리들로부터 열화와 같은 박수와 감사의 인사를 받기에 충분했다. 그러나 가까스로 자식들의 의사를 존중하여 결정하고서도 어르신들은 자식들 모르게 수년간 제사를 지내기도 했다.

평생을 조상 모시기를 게을리하지 않았던 분들이니 내려놓기가

철부지의 삶, 개똥철학이 있어 좋다

여간 어려운 일이 아니었을 것이다. 혹여 제삿날을 잊을세라, 음력이 나오는 글씨가 크게 박힌 농협 달력을 받는 날이면 제사 날짜에 동그라미를 그려 넣으시던 모습이 아직도 눈에 선하다.

어린 시절에 제사는 특별한 음식과 주전부리를 먹을 생각에 어린 소견에는 그저 신나는 날이었다. 지금 생각하면 제사 준비에 혼자서 얼마나 힘에 겨웠을지 어머니의 노고는 가늠하기조차 어렵다.

제사는 장날에 맞춰 제수를 준비하는 것으로 시작된다. 넉넉하지 않은 형편이니, 현금을 쥐고 장에 가는 것이 아니다. 쌀이나 콩, 아니면 달걀 꾸러미라도 있어야 돈으로 바꿀 수가 있다. 바리바리 장 보따리를 이고 지고 30리 길을 걸어가야 한다. 그리 만만한 길이 아니다. 가지고 나간 물건과 맞바꾼 돈으로 과일, 유과, 양초, 간수, 포, 조기 등을 준비한다.

당시는 지금처럼 모든 걸 간편하게 준비할 수 있는 시절이 아니었다. 한 푼이라도 아껴야 하는 것도 있지만 냉장고는 고사하고 전기도 들어오지 않던 시절이다. 장에서 사 온다고 해봐야 그저 상온에서 보관이 가능한 것뿐이다. 그러므로 장에서 사 온 몇 가지를 제외하곤 대부분의 제수 음식은 집에서 만들어져야 한다.

항상 염두에 두고 챙겨야 하는 연중행사로서 제사 준비는 오롯이 어머니의 몫이다. 조청, 무정과, 유과, 곶감, 밤, 대추 등은 적당량을 준비하여 각기 보관 방법에 따라서 보관했다가 사용을 하게 된다. 보관하는 장소는 대개 소금단지, 부엌 한쪽 구석에 묻어 놓은 항아리, 다락방 그 어디, 장독대의 항아리 속일 가능성이 크다. 더군다나 군것질거리가 마땅하지 않아 항상 주전부리에 혈안이었던 곰쥐 같은 아이들로부터 이를 지켜내는 일 또한 만만하지가 않았다.

숙주나물은 돌아올 기일에 맞춰 쓸 수 있도록 미리 질그릇 시루에서 키워내야 한다. 콩을 갈아 두부도 만들어 낸다. 절구에 쌀을 빻아 콩 시루떡도 직접 쪄내야 한다. 닭도 잡아야 하고 겨울에 만들어 놓은 엿기름가루로 식혜도 안쳐야 한다. 다식도 다식판에 올려 박아내야 한다. 콩가루, 쌀가루, 송홧가루, 흑임자가 재료다. 송홧가루와 흑임자는 조청과 버무려져 다식이 된다. 탕도 준비해야 하고 골고루 전도 부쳐내야 한다.

아궁이에 불을 지펴가며 해야 하는 일이다. 같이 거들어 주는 사람이라도 있으면 좋으련만 그렇지 않으면 오롯이 혼자서 해야한다. 그때는 전혀 생각지 못했다. 어린 소견에 제사는 그저 저절로 차려지는 줄로만 알았다. 이렇게 되짚어 보니, 어머니가 감내해야 했던 것들이 안쓰럽다 못해 숭고해지는 느낌이다.

어쩌면 제사와 묘를 관리하는 일은 체면과 형식이 만든 허례허식의 증표일지도 모르겠다. 후손으로서 조상에 대한 예를 갖춘다는 의미도 있지만, 한편으로는 나도 남부럽지 않게 제사를 지낼 수 있다는 일종의 과시도 포함되어 있다고 봐야 한다.

제례와 상례 문화는 신분제도와 유교의 영향이 절대적이었던 조선 시대의 전유물이다. 양반은 양반대로 가문의 위상을 지켜야 한다는 자존심으로, 천민이나 서민은 그들 나름대로 조상의 신분을 단절하겠다는 의지로 가정의례는 그 본질이 변질되었을 것이다.

이제는 시대가 변했다. 경제력이 신분을 규정하는 기준처럼 자리를 잡았다고 해도 과언이 아닌 시대다. 조상의 신분이나 가문의 영광이 더는 중요치 않은 시대이다 보니, 제사를 모시거나 조상의 묘소를 관리하는 일은 이제 일부 뒷방 늙은이들의 고루한 전유물로 전락되고 있다.

이런 추세를 반영하듯 우리 종중도 수년 전부터 남의 손을 빌려 벌초하는 실정이다. 이제는 고향을 지키고 있는 종중회원이 없다. 그러니 예초기, 낫, 기타 묘소를 관리하는 기구를 별도로 보관할 장소도 없거니와 기계를 다루는 사람도 마땅치가 않다. 실상 왕복 교통비와 기타 비용을 고려한다면 당연히 벌초를 위탁하는 것이 타당하다.

종중회원이라고 해봐야 전부 해도 열 명 남짓이다. 나 또한 총무로서 타당성이 없는 의견을 들어 고집을 피운다면 필시 뒷방 늙은이로 비칠 게 뻔하다. 이런 상황에서 직접 벌초를 시행한다는 것은 여간 번잡한 일이 아니다. 보나 마나 일부 몇 사람의 전담이 될 것이 분명하다. 이렇게 되고 보니 선산을 찾는 일은 1년에 한 번뿐이다. 이런 추세는 점점 더 축소되어 진행되리라 본다.

지난여름의 끝자락, 장인·장모님이 사시는 섬 가의도에 마늘 수확을 거들러 갔다. 마늘 캐기를 마치고는 이른 추석인지라 처조부모님의 벌초에 참여했다. 자식들과 형제들이 타지에 나가서 살고 있으니, 여태껏 두 분이 도맡아 해 오셨던 일이다.

벌초를 마치고 돌아오자 아버지는 오랜 시간을 두고 고민하고 있던 이야기를 하셨다. 조부모님의 산소를 없애겠다는 의견이셨다. 두 분이 안 계셨을 상황을 대비하여 파묘를 해서 화장한 후 산골을 하고 산소를 정리하겠다는 의견이시다.

마을의 다른 집들도 다들 그렇게 한다고 한다. 그런데 처리하는 방법이 이동식 가스버너를 이용하는 보기 흉한 것이라서 후손 된 도리로 선뜻 호응하기가 어렵다. 의견을 모으기가 쉽지 않다.

사위지만 요즘이야 당연히 친자식과 다르지 않은 시절이니 의견을 냈다. "봉분을 없애고 기념식수로 동백이나 편백을 심으면 어떻겠는지요? 산소가 있는 곳은 해상국립공원 지역이니, 개발의 여지도 없을뿐더러 가장 자연스러운 방법이지 않을까 합니다. 자연으로 되돌린 것을 굳이 파헤치고 불태우고 하는 것은 어쩌면 조상님들에 대한 불효로 보입니다. 그렇게 해 놓고 나무가 잘 자라게 제초도 하고 거름도 주면 자연스럽게 수목장이 되지 않겠는지요?" 생소한 제안이 어디 한 번에 결정이 되랴만, 괜찮다는 의견이 개진도 되면서 좀 더 숙고해 보자는 이야기를 나누었다.

봉분을 없애고 기념식수를 하자는 안은 종친회의 총무로서 오랜 시간 '선산을 어떻게 하는 것이 좋을까.' 고민한 결과다. 종친회 선산 관리도 여러 의견이 오가는 중이다. 추모공원으로 옮기고 선산을 처분한다, 선산에 납골시설을 만든다, 자그마하게 묘역을 재조성한다 등 여러 안건이 나왔지만, 결론을 내리지 못하고 있다.

내놓아진 안들은 모두가 우리들의 편리함과 합리성을 내세운 것이다. 자연으로 돌아가신 조상님들이 의견을 주실 리는 없다.

모두 자연스러운 방법이 아닌 것만은 분명하다. 할 수 있다면 묘역은 봉분을 없애고 평탄 작업을 하여 기념식수 하면 좋겠다. 토질에 맞게 유실수도 좋고 꽃을 피우는 나무도 좋겠다.

선산은 전체를 벌목하고 유실수와 피톤치드를 주는 수종을 심으려 한다. 벌목하기 전 오래된 소나무 10여 그루는 남겨놔 수목장용 나무로 삼아도 좋겠다. 시간이 흘러 유실수에 밤, 잣, 호두 등이 열리는 가을, 회원들은 과실을 거두고 숲에서 힐링할 수 있을 것 같다. 오라고 강요하지 않아도 자연스럽게 후손이 찾아주는, 조상님들이 잠들어 있는 뜻깊은 선산이 될지도 모르겠다.

산소를 시대의 흐름에 맞게 관리하는 일은 어려운 과제다. 아직은 유교 문화가 공존하고 있어 조상을 잘 모셔야 자손이 발복한다고들 한다. 이러한 문제 또한 자연스럽게 화목을 깨뜨리지 않는 범위 내에서 의견을 모으는 것이 후손으로서 해야 할 도리일 것이다. 화목하게 우애를 다지자고 맺어진 종친회다. 그러니 좀 더 숙고의 시간이 필요할 것 같다.

죽음을 '돌아간다.'라고 표현한다. 이 말에는 어떤 의미가 담겨 있을까? 인간은 자연이다. 자연스럽게 살다가 자연으로 돌아가는 것이 이치다. 그러니 우리 몸이 흙으로 돌아가는 것은 당연하다. 생을 마감한 몸은 자연으로 자연스럽게 귀의하게 하는 것이 순리다. 이를 따르는 것이 후손의 예의와 도리다. 자신들의 편리와 욕심만을 내세워 자연으로 귀의한 것을 억지로 되돌려 내는 것은 이치에 어긋나 보인다.

산림을 과하다 싶을 정도로 훼손하고 장황하게 펼쳐 놓은 묘지를 보면 왠지 안타까운 생각이 든다. 온 산하를 뒤덮고 있는 봉분들도 눈에 거슬리기는 매한가지다. 늦은 감이 있기는 하지만 이제부터라도 조상님들을 자연으로 되돌리는 운동이 전개되었으면 하는 바람이다. 봉분을 없애고 산림을 복원하는 일은 어쩌면 우리가 살아서 자연으로 귀의하는 아주 뜻깊은 일인지도 모르겠다.

졸혼

"저 어제 졸혼했습니다." 웃으면서 말을 던졌다.

"박 대표님 같은 분이 졸혼이라니요?" 충격이라는 반응이다.

"왜 저는 졸혼을 하면 안 되나요?" 되물었다.

"안 되는 건 아니지만 박 대표님의 이미지와는 어울리는 단어가 아닌 것 같아서요."

"농담입니다." 자초지종을 설명했다.

"어제 아내를 장인 장모님이 계신 처가에 데려다주고 왔습니다. 머물고 싶은 만큼 있다가 오라고 했으니, 졸혼했다는 생각이 들어서 농담을 했습니다."

아내와 함께한 세월이 30년이나 흘렀다. 외동으로 자란 딸까지 결혼하고 나니, 삶은 한층 더 단출해진 느낌이다. 그래서 그런지 이제는 제법 주변을 돌아도 보는 여유를 조금은 갖게 되었지 싶기도 하다. 연륜의 넉넉함인지는 몰라도 신혼 때보다 둘 사이는 더 돈독해졌다는 걸 서로 확인하고도 있다.

아내와는 인천 부평에 있는 같은 빌라의 앞집으로 살면서 맺어진 인연이다. 아내는 할머니, 오빠, 남동생, 여동생 등 4식구가 살았다. 부모님은 고향인 태안해안국립공원에 속한 가의도라는 자그마한 섬마을에서 어업을 하셨다. 섬에서는 아이들의 학업이 불가능하다. 그러니 불가피하게 할머니가 아이들을 맡아 인천으로 유학을 보낸 것이다.

아이들은 초등학교 졸업하기 전후로 집을 떠나서 유학을 왔다. 아내도 5학년 되는 해 전학했다. 할머니와 오빠가 있다고는 하지만 부모님과 두 동생이 있는 집을 떠나서 타지에 온다는 것이 그리 만만한 일이 아니다. 어린 나이에는 감당하기가 어려운 애달픈 마음이 있을 수밖에 없었다.

하루 두서너 번 오가는 여객선과 어선이 육지를 오가는 유일한 교통편이니, 고립무원과도 같은 섬이다. 조막만 한 아이는 이곳이 세상 전부였다. 아이에게는 섬나라 분교의 손바닥과도 같은 운동장이 무척이나 넓어 보였고, 규모가 있는 대형 커피숍만도 못한 학교 건물은 꽤 크기만 했다. 그런 아이의 인천 유학길이다.

엄마 아빠와 같이 가는 길이니, 아직은 설레는 마음이 크기는 하다. 그래도 선착장으로 내려오는 길에 아이는 연신 뒤돌아보기를 멈추지 않았다. 금방이라도 눈물이 쏟아질 것 같은 왕방울만 한 눈에다가 두고서 가야 하는 10여 년의 추억을 담고 또 담는다.

선착장에 서서 손을 흔들어 배웅하는 할아버지와 동생들 그리고 마을 사람들과 친구들이 멀어지자 아이는 헤어짐을 실감한다.

엄마 품과도 같은 고향을 떠나야 한다는 것은 꽤 큰 아픔이다. 소꿉놀이하던 마당, 물놀이하던 갯가의 자갈밭, 바람을 가르며 내달리던 언덕길, 등대와도 같은 언덕 너머 솔섬, 마을의 수호신 은행나무를 두고 가야 한다는 것이 못내 아쉽다.

아이의 인천 유학은 대도시로의 탈출이 아니라, 또 다른 갇힘이다. 팽팽한 긴장감 속의 일상과 미로와도 같은 골목길에서 아이는 야생을 벗어야 하는 미아일 수밖에 없다. 가슴앓이는 문득문득 몸살을 앓게 했고 트라우마로 남았다.

도시의 깍쟁이들 틈에서 아이는 살아남아야 하는 발버둥을 쳐야 했기에 망망대해에 정박해 있는 섬나라가 무척이나 그립기만 하다.

다시 돌아갈 수 있는 유일한 희망은 방학이다. 여름과 겨울에 걸친 두 번의 방학이 아이에게는 생명줄이자 산소 호흡기다. 남아 있는 친구들과 각지로 흩어져 유학하고 있던 친구들이 모여드는 시간이 방학이다. 비릿한 바다 내음이 풍기는 공기를 맘껏 흡입하는 기간이고 웅크렸던 가슴을 열어 자유를 분출하는 기간이다.

학창 시절의 방학은 시작과 끝남이 가져오는 말로는 표현하기 어려운 야릇한 감정이 상충한다. 그래서 그런지 방학은 시작의 설레는 감정보다 끝나갈 때의 서운함이 더 크다. 그러기에 아이는 방학이 마쳐질 때가 되면 다시 돌아가야 하는 인천 유학길의 막막함으로 선잠을 자기 일쑤였다.

이런 몸살과 트라우마로 성장을 멈추었던 아이는 자신의 아이를 시집보낸 나이가 된 지금에도 가끔 울컥울컥하는 감정이 올라오곤 하는 모양새다.

아내에게 선물을 주고 싶었다. 멈추었던 성장판을 열고 잃었던 추억을 주워 담게 하고 싶었다. 30여 년 어미 새가 모이를 물어다 주듯 끼니를 챙겨주고 살뜰하게 뒷바라지한 아내다. 어린 시절 가슴앓이의 내공인지는 몰라도 선을 넘지 않고, 바가지를 긁을 줄 아는 지혜를 터득한 사람이기에, 나란 사람을 여기까지 데리고 와준 것인지도 모르겠다는 생각이다.

마음 편하게 고향에 계신 부모님과 보낼 수 있는 시간은 분명 아내에게는 선물이다. 시간을 놓치면 받을래야 받을 수가 없는 선물이기에 아내는 설레어 했다.

전 같으면 찬성하지 않으셨을 부모님도 좋아하시는 낯빛이 역력했다. 그리고 보면 이런 시간은 아내만의 선물이 아니고 부모님께도 의미가 남다른 선물일 것 같다.

눈에 넣어도 아프지 않을 아이들을 타지로 보내고 고향에 남아 뒷바라지해야 했던 시간 속에 어찌 애잔함이 없었겠는가? 생각해 보면 부모님에게도 아내의 트라우마처럼 그 시절은 지울 수 없는 상처로 각인되어 있었으리라.

그렇게 아내에게는 선물을 쥐어 주고, 부모님에게는 선물을 전해드리고 돌아오는 길, 고개를 넘어 솔섬이 있는 남항으로 향하는 발걸음이 무척이나 가벼웠다. 남편이 보이지 않을 때까지 집 앞마당에서 손을 흔들던 아내의 모습 위로 천진난만한 여자아이의 해맑은 미소가 겹쳐 왔다.

잘 익어 곰삭은 결혼은 가족이라는 보금자리를 만든다. 그 보금자리를 같이하는 일원은 혈연을 넘어선다. 그러므로 가족임이 확인된 후에는 추진체를 떨쳐 내고 우주로 떠나는 로켓처럼 결혼이라는 의식과 서류 따위는 그 의미를 상실해야 한다.

황혼 이혼이 늘어나는 추세라고 한다. 발맞춰 혼인 관계는 유지한 채로 서로에게 원하는 걸 한 장의 각서에 써서 주고받고는 떨어져서 생활하는 졸혼이라는 풍속이 새롭게 등장했다. 한동안은 드라마에서나 등장하던 것이 이제는 제법 졸혼했다거나 준비한다는 사람들이 많다.

이것은 결혼을 서로를 옭아매는 구속 수단으로 잘못 생각한 결과임이 분명해 보인다. 서로를 힘들게 하거나 간섭하는 것은 가족이 아니다. 가족은 서로가 세상에서 자유로이 행복하도록 배려하고 이끌어 주는 관계여야 한다.

결혼은 탯줄이 아물어 자연스럽게 배꼽에서 떨어지는 시간만큼만 존재해야 한다. 이럴진대 결혼이라는 끈을 놓지 못하고 수십 년 이상을 부여잡고 살았다는 것은 참 어이없는 일이다. 졸혼이라는 것이 그리 고와 보이지는 않는다. 그렇지만 늦게나마 졸혼이라는 명분으로 탯줄을 떨쳐 낸다는 것은 다행인지도 모를 일이다.

"졸혼한 모든 청춘이여! 부디, 회복한 자유로움을 통해서 미안함과 고마움이라는 마음 치료 연고가 만들어지기를 바라마지 않소. 아울러 서로의 존재를 확인하는 계기가 되길 응원하오."

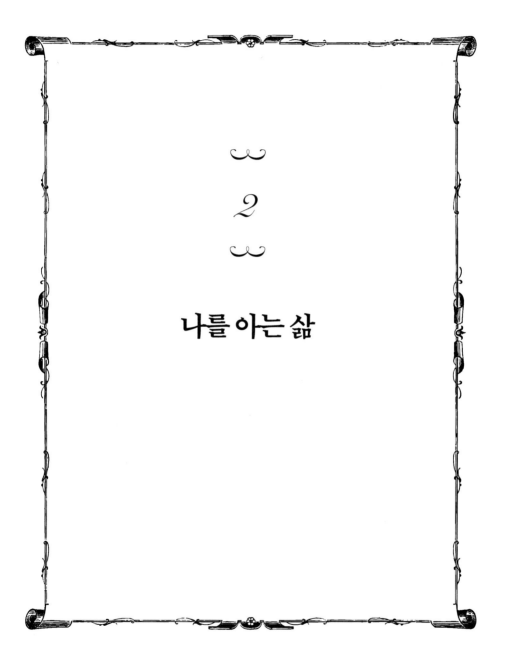

2

나를 아는 삶

삼위일체

(三位一體)

순리의 자연마음(一位)은 우주자연의 섭리

무한대 우주공간(一位)은 우주자연의 모태

자연의 만상만물(一位)은 우주자연의 태아

삼위(三位)가 일체(一體) 한 얼이라 하나님

무한대 처처(處處)에 임하고 있으니 부처님

본질(本質)이 영생불변(永生不變)이라 진리

정신 차려 깨달은 이 있으니 예수와 석가라

숨김없이 드러낸 자리라 대 자유와 대 해탈

하나님과 부처님을 믿는다고는 하고 있는데 과연 하나님과 부처님의 존재를 어느 정도나 알고 있는지 궁금하다. 어쩌면 얄팍한 인간의 마음으로 규정지어진 귀신의 존재를 하나씩 꿰차고 앉아 있는지도 모를 일이다. 하긴 그렇지 않고서야 아직도 천국과 지옥 타령만 하고 있을 턱이 없다.

삶은 있는 그대로 믿고 살면 그만이다. 굳이 없는 것을 만들어 틀에 갇혀 살아갈 필요가 없다. 우주자연에서 태어나고, 우주자연에서 살다가, 우주자연으로 돌아가는 것이 세상의 이치다. 세상에 이런 흐름을 거스를 수 있는 영역은 그 어느 것도 없다.

코로나-19 팬데믹으로 지구촌의 혼란이 3년째 이어지고 있다. 나라의 상황은 3월 9일 치러질 대통령 선거의 졸렬하고 혼탁한 열기가 후줄근하다. 이런 와중에서 러시아의 푸틴이 우크라이나를 무력으로 제압하는 전쟁을 일으켰다. 배달되어 온 신문 1면에 실린 게임사업으로 성공을 일궈 낸 재력가의 별세 소식이 눈길을 머물게 한다.

영원한 우주자연의 흐름에서 보면 한 인간의 삶은 정말이지 보잘것이 없다. 100년 남짓한 시간은 인간의 영역에서나 존재한다. 영원한 우주자연의 영역에서는 한낱 신기루만도 못한 보잘것없는 바람에 날리는 먼지에 지나지 않는다. 이런 형국임에도 참 모질게 산다. 아니 모질게 살려고 작정한 듯하다.

극한의 조건에서 사는 식물은 한순간의 시간도 허비할 틈이 없기에 최선을 다해 주어진 시간을 사용한다. 아주 짧게 머무는 계절이기에 싹을 틔우고, 잎을 펼치고, 꽃을 피우고, 벌과 나비를 불러들여 수정하고 열매를 맺어 터트린다. 그러지 않고서는 자손은 고사하고 싹을 틔우기도 전에 생을 마감해야 한다.

여기에는 의문 의심도, 투정도, 후회도, 시기 질투도, 과욕도, 싫고 좋음도, 잘남도 못남도, 원수도 은인도, 불행도 행복도 자리할 틈이 없다. 이것이 최선이고, 도리이고, 믿음인 것을 우주자연에 순응한 존재인 식물들은 안다. 이것이 우주자연의 섭리에 따라 우주자연의 몸을 빌려서 나온 우주자연의 자식의 사명이라는 것을 안다.

우주자연의 섭리는 '순리'다. 우주자연에는 억지스러움이란 없다. 자연스러움만이 존재한다. 이것이 우주자연의 마음이다. 우주자연은 그대로 하나다. 끝이 없는 무한대로 존재한다. 이 생명의 모태 공간에서 만물은 나고 살고 소멸한다.

우주자연이 품었으니 우주자연이 아닌 것이 없다. 당연히 우주자연의 섭리가 미치지 않은 곳이 없다. 우주자연의 마음으로 우주자연에서 잉태되어 태어난 것들이야 말할 것도 없이 우주자연의 마음을 가진 우주자연이다. 그러니 우주자연의 순리의 마음과 우주자연의 생명 공간과 우주자연에서 태어난 것들은 하나의 몸과 하나의 마음일 수밖에 없다.

우주자연의 본질은 영원히 살아있고 변하지 않는 진리의 존재다. 다만 우주자연의 개체만이 순리의 에너지에 의해서 흩어지고 모일 뿐이다.

우주자연은 영생 불변한 공간에 한마음으로 하나로만 존재하고 있다. 이럴진대 우주자연을 하나님이라고 부른들, 부처님이라고 부른들, 알라라고 부른들, 뜰 앞에 잣나무라고 부른들, 똥 막대기라고 부른들 무슨 상관이 있을 수 있겠는가!

다행히 이를 깨달아 정신을 차린 성인이 있어 길을 안내하고 있으니 부처님과 예수님이다. 그러니 이 두 분이 대면했다면 지금처럼 갈라치기를 했을 리가 만무하다. 왜냐하면, 같은 몸과 같은 마음이니 당연하다.

우주자연의 무한한 공간과 순리의 마음에는 그 어떠한 걸림이나 막힘이 자리할 수가 없다. 그야말로 대자유요. 대해탈이다. 이 길이 진리요. 생명이다.

삼위일체의 섭리로 보면 만물 만상은 모두가 하나님이요 부처님이다. 그러므로 우주자연의 모든 개체는 이를 믿고 따르길 주저하지 않는다. 다만 인간만이 자신의 마음을 가지고 이를 거부하고 있을 뿐이다. 그러니 우주자연의 탕아로 전락하여 방탕한 삶을 살아가게 된 것이다. 이에 대한 대가는 혹독하여 인간들은 영생불변하는 진리의 삶을 포기한 채 신기루 같은 허망한 삶에 허덕이고 있다.

세상에 존재하는 것은 우주자연의 영역밖에 없으므로 탕아가 우주자연의 영역과 섭리를 벗어나 존재할 수는 없다. 그러나 인간들은 자기들만의 영역을 구축하고 있다는 착각에 빠져서 살고 있다. 이름도 거창하게 만물의 영장이라고 거들먹거리면서. 이 얼마나 아둔하고 얕은 생각이란 말인가.

인간의 삶이 유한하다 못해 허망한 꼴로 전락하게 된 것은 마음을 잘못 먹은 까닭이다. 그러니 이를 해결할 방법도 이 마음에 있을 수밖에 없다. 이 마음을 정리하여 벗어나는 것에 대한 말들이 다양하게 많다. 내려놓아라. 비워라. 벗어나라. 잊어라. 바꿔 먹어라…….

에고! 손에 쥐고 있거나 눈에 보이는 것이라면 좋으련만 그렇지 못하니 난감하다. 있어야, 보여야 버리지, 없는 놈을 어찌 버린단 말인가? 이 또한 잘못된 말이 분명하다. 말이야 쉽지 인간의 말 중에 가장 어려운 것이 이 부분일 것이다.

　우주자연을 모태로 태어난 몸뚱어리다. 순리의 우주자연 마음과 접신(接神)을 해야 올바르다. 하지만 귀신 마귀인 마음덩어리와 눈이 맞아 동거하고 있다. 착각이다. 착각은 정신을 차림이 약 처방이다. 귀신을 떼어내고 삼위일체로 되돌리는 방법은 간단하다. 여기에는 인정과 포기와 믿음의 3박자가 특효약이다.

　'인정'해라. 자기의 마음이 없다는 것을 인정하면 그만이다. 있다고 붙들고 있으니 작용한다. 없는 것에 붙들려 꼭두각시 노릇을 한다. 달리 귀신과 마귀와 사탄이 아니다. 마음으로 하는 짓이 이것들과 하나도 다르지 않으니 생긴 말이다. 귀신과 사탄과 마귀가 어디 있나, 있다면 60년을 살 동안 수없이 만났어야 했다. 그러나 이것들을 한 번도 만난 적이 없다. 없으니 보이지 않은 것이다. 그러나 나를 포함하여 인간들이 일으키는 일들에서 이것들의 모습을 무수히 많이 본다.

　'포기'해라. 이 순간부터는 절대로 자신의 마음으로는 살지 않겠다는 다짐이 있어야 한다. 이것이 후회하지 않을 삶의 출발이다. 포기하지 않는 한 귀신의 삶을 벗어나기란 불가능하다. 천당에 살면서 지옥을 헤매는 어리석은 중생으로서, 생의 마지막에서나 후회의 절규를 부르짖게 될 것이 분명하다.

'믿음'으로 확인해라. 우주자연의 순리가 우리를 자유롭게 한다는 것을 믿어야 한다. 이렇게 펼쳐진 세상을 보지 않을 이유가 없다. 있는 그대로 있는 세상에서 살면 그만이다. 자꾸 없는 세상을 헤매는 한 답은 없다. 자기의 마음으로 세상을 보니 답답한 것이다. 답답한 것은 자기 마음이 답답한 것일 뿐, 세상과는 아무런 상관이 없다.

소망과 사랑과 믿음이다. 천국을 소망하거든 인정해라. 사랑받기를 원하면 포기해라. 답답하거든 믿어라. 지금, 이 순간, 예수님과 석가모니 부처님이 우리를 애타게 기다리고 있다는 것을 명심할 일이다.

마음잡이

    추석 명절이면 부모님이 계신 고향에 내려가 차례를 지내곤 했다. 그런데 한해는 차례도 못 지내고 추석 전날 서둘러 집으로 돌아온 적이 있다. 딸아이 때문이었다.

    돌도 안 지난 딸아이가 어찌나 울어대던지 겁이 덜컥 났다. 젖병을 물려 줘도, 안고 얼러 줘도 소용이 없었다. 어른들이 걱정하실까 봐 서둘러 채비를 하고 고향집을 나섰다.

    돌아오는 길, 내내 차 안은 아이의 울음소리가 우렁차게 들렸다. 어찌 기운이 좋은지 끝없이 울어댔다. 초보 엄마 아빠는 어찌 할 바를 모르고 비지땀을 흘릴밖에 별다른 손을 쓸 수가 없었다. 뒷자리의 아내도 운전하는 나도 애만 탈 뿐이었다.

    서둘러 집으로 내달리던 차 안이 일순간 조용해졌다. 서러움에 많이 복받쳤는지 가끔 흑흑하는 울음 뒤끝 소리를 내면서 아이는 울음을 삼켰다. 그리고 이내 잠이 들었다.

    공갈 젖꼭지, 기적처럼 아이의 울음을 그치게 한 것은 다름 아닌 공갈 젖꼭지였다. 무심결에 가방 속에 있던 공갈 젖꼭지를 입에 물려주자 아이는 울음을 그쳤다.

아이는 의사표현 방법이 달리 없다. 태어나서부터 터득한 것이 울음이다. 그러니 울음으로 자기의 뜻을 전달하고 이를 관철한다. 배변하여 불편한 환경이 조성되면 이를 쾌적하게 하고자 운다. 때가 됐는데도 젖을 주지 않으면 또 운다.

아이는 단지 제때 젖을 주고 기저귀만 잘 갈아 주면 되는 줄 알았다. 그러다가 칭얼대면 안아서 토닥여 주면 잘 잤다. 단지 그것이 전부라 생각하고 있었다. 그런데 그게 다가 아니었다. 아이는 입으로 공갈 젖꼭지를 가지고 노는 걸 터득하고 있었다. 그런데 초보 엄마 아빠는 맹탕이었다. 아이들은 태어나서부터 한두 살 무렵까지 구강기를 거친다는 사실을 모르고 있었으니 말이다. 이걸 모르고 있었으니 아이는 답답한 마음에 울음으로 의사를 표출할 수밖에 없었지 싶다.

갓난아이도 공갈 젖꼭지를 가지고 놀고픈 마음과 답답한 마음을 가지고 행동했다. 이렇듯 인간은 태어나는 순간부터 마음을 가진다. 점점 나이를 먹으며 행동반경이 넓어지고, 사리 분별이 많아지면서 가지는 마음은 수천수만 가지로 늘어난다. 그러면서 이 마음을 표출하며 살게 된다. 그래서 예로부터 마음가짐의 중요성을 이야기한 것 같다. 오죽했으면 마음을 먹는다고까지 했겠는가.

마음먹은 것을 결과로 도출하려고 발버둥을 친다. 마음먹은 대로 말하고, 마음먹은 대로 행동하고, 마음먹은 대로 생각하고, 마음먹은 대로 상상하곤 한다. 하여 긍정으로 선하게만 마음먹고 살았으면 좋으련만 그러질 못하고 사는 게 현실이다.

자칫 마음을 잘 못 먹게 되면 인생이 망가지거나 크나큰 화근이 되기도 한다. 흉악범이 되기도 하고, 인류를 재앙으로 몰고 간 경우도 허다하다. 희대의 살인범, 전쟁광, 독재자가 그 대표적인 예다.

각자는 수만 가지의 마음을 먹고는 이를 꺼내며 살아간다. 세상의 모든 사람이 그러하다. 그러므로 마음은 천차만별일 수밖에 없다. 어떤 마음을 먹느냐와 먹은 마음 중 어떤 마음을 꺼낼 것인가는 각자의 책임이다. 이왕에 마음을 먹을 것이라면 삶에 유용한 마음을 먹을 것이며, 적재적소에 맞게 꺼내어 쓰는 아량이라도 키울 일이다.

구강기를 거치며 아이는 잘 자라 주었다. 첫돌을 맞아 친지들을 모시고 돌잔치를 하였다. 지금이야 다양한 이벤트를 가미한 돌잔치를 하고 있지만, 당시만 해도 그저 뷔페식당을 이용하여 음식을 대접하는 경우가 대부분이었다.

직장이 건설회사였고, 현장에 발령 받아 일하고 있을 무렵이었다. 첫돌을 치른 곳은 지방의 한 도시였다. 뷔페식당의 이름도 도시풍을 반영하듯 ○○회관이었던 것으로 기억된다. 결혼식도 하고 회갑연도 하던 꽤 규모 있던 곳이었다.

당시 찍은 돌 사진을 보면 꽤 재미있다. 전면에 아주 커다랗게 '(경) 아빠 ○○○ 엄마 ○○○의 딸 ○○○ 아가 첫돌 (축)'이라고 쓰인 플래카드를 내건 것이 인상적이다. 마치 어르신의 팔순 잔치 같은 느낌을 주고 있다. 30년 가까이 되는 시간을 거슬러 올라가니, 마치 타임머신을 타고 온 것처럼 참 촌스럽다.

연분홍색 드레스를 차려입은 아이는 자신을 축하하려 모인 자리라는 걸 아는지, 아장거리며 연신 돌아다니길 멈추지 않았던 기억이다. 지금도 예쁘지만 어릴 적 아이는 정말이지 눈에 넣어도 아프지 않을 만큼 예쁜 아이였다. 돌아다니는 아이를 여기저기서 안아 주느라 정신이 없었고, 그런 모습을 보는 우리 부부는 뿌듯했다.

돌잔치의 백미는 돌잡이다. 아이가 제일 먼저 손에 쥐는 물건이 아이의 장래를 결정한다는 속설을 반영한 일종의 바람 놀이지만, 다들 이목을 집중하게 된다. 아이는 연필을 잡았다. 돌잡이 상에는 장수를 의미하는 실, 공부를 잘하길 바라는 연필, 부자가 되라는 돈이 올려져 있었다.

요즘 돌상에 놓인 물건을 보면 다양하다. 마이크, 판사 봉, 청진기, 야구공, 농구공 등 다양한 모형들로 구성되어 있다. 예의 아이가 집어 드는 것을 보면 대부분 부모가 원하는 것을 선택하곤 한다. 그것은 옆에 있는 부모가 '선택했으면.' 하는 물건을 아이의 손 쪽으로 유도하는 경향이 반영된 결과가 분명하다.

이런 걸 놓고 보면 아이의 선택권은 이때를 시작으로 박탈되는 것일 수도 있겠다는 생각이다. 이렇게 시작된 선택권의 쟁탈전은 여지없이 부모의 승리가 되기 일쑤다. 어쩌다 이를 거부하면 심한 갈등을 겪을 수밖에 없다. 치열하게 경쟁을 부추기는 요즘이고 보니 이런 경향은 부쩍 심해진 느낌이 든다.

각설하고 돌잡이를 한 대로 아이의 장래가 보장되지는 않는다. 또 부모의 넘치는 아이의 선택권 박탈도 아이의 인생에 별반 도

철부지의 삶, 개똥철학이 있어 좋다

움이 되는 것 같지도 않다. 어쩌다 몇몇 부모의 억척이 더해진 결과로 두각을 나타낸 사례는 있다. 이런 것이 도드라져 보이는 경우가 더러 있어 이를 따라 하게 된다. 그러나 반대의 경우가 훨씬 더 많으며 서로에게 상처만을 안기게 된다는 사실을 잊어서는 곤란하다.

돌잡이로 인생길이 결정된다면 오죽이나 좋겠는가. 하지만 그런 일은 절대로 일어나지를 않는다. 그래도 은근히 기대하고 돌잡이 놀이를 즐기는 것을 보면 장래에 대한 기대와 걱정을 하는 것만은 분명하다.

첫돌을 맞은 아이가 돌잡이를 하듯 마음도 골라잡을 수가 있다. 그러나 '마음잡이'에 대한 개념이 없는 바 다들 무관심하다. 인간은 태어나면서부터 자연마음과 인간마음 중 하나를 선택하여 살게 된다. 대부분은 인간이니 인간의 마음으로 사는 게 당연하다고 여긴다. 그러나 이를 거부하고 '마음잡이'를 잘한 경우가 있었으니, 바로 예수와 석가다. 지혜로움의 표상 중의 표상이다.

무릇, '지혜롭다', '어른이다', '성숙하다'라는 평가는 '마음잡이'에 임하는 자세를 가지고 판단하는 것이 옳을 것이다. 왜냐하면, 자연마음을 가진다는 것은 성숙하고 지혜로운 어른만이 가능한 일이기 때문이다.

인간의 마음은 수천, 수만 가지로 항상 선택의 갈림길에 서 있다. 그러므로 갈등의 연속일 수밖에 없다. 이에 반하여 자연마음은 오직 하나로 언제나 평화로운 상태를 유지한다. 온갖 만물은 가진 마음에 따라 행동한다. 또한, 현재 상황은 그 행동의 결과물

이다. 그러니 행동과 결과물을 보면 그 가진 마음을 미뤄 짐작할
수가 있다.

이를 잘 반영하고 있는 것이 사람의 얼굴이다. 얼굴은 세월의
흔적을 고스란히 담고 있다. 따라서 얼굴은 마음을 비추는 거울
로서 전혀 손색이 없다. 그러므로 예뻐지는 비결은 당연히 화장
발이 아니라 고운 마음인 것이다.

그대여! 평화로운 세상에 살기를 원하는가? 간절히 원하거든
'마음잡이'에 대한 혜안을 터득하는 데 힘쓸 일이다.

허상의 나

　　　　나로서 세상에 존재하며 살고 있다. 그러나 사는 것처럼 보이지만 어처구니없게도 생존만을 하려는 몸부림만 치고 있는 형국이다. 몸을 유지하기 위하여 전전긍긍하고 답답한 마음으로 안절부절못하는 모습이다. 이유는 무엇이고 해결 방법은 무엇일까를 생각해 본다.

　나는 몸과 마음으로 이루어졌다. 일치된 둘이라야 내가 존재한다. 둘 중에 어느 하나가 없어지면 나로서의 가치가 없어지게 된다. '나'라고 하는 존재는 두 개의 자리(二位)가 일체화되어야 한다. 즉, 몸과 마음이 하나로 합체되어 존재하여야만 비로소 나로서 발돋움하게 된다. 절대로 마음 없이 몸이 존재할 수가 없고, 몸 없이 마음이 존재할 수가 없다. 예를 들어 하드웨어와 소프트웨어로 구성된 컴퓨터와 유사하다고 보면 된다.

　숨이 멈춰 몸의 기능이 멈추게 되면 마음도 흩어져 없어진다. 마음이 망가지면 몸도 망가진다. 최악의 순간 몸도 내던져 버린다. 이것이 나라고 하는 존재의 현주소다. 그러므로 온전히 나라는 존재를 만나기 위해서는 몸과 마음을 제대로 알아야 할 필요가 있다.

몸은 60조 개의 세포로 이루어진 공동체다. 각각의 세포는 생성과 소멸과정을 반복하며 존재를 이어간다. 한순간도 이런 과정을 멈춘 적이 없다. 그러므로 나라고 하는 몸은 단 한 번도 같았던 적이 없었다. 단지 같다고 착각하고 있을 뿐이다.

몸은 탯줄과 분리되는 시점부터 하나의 개체로 인정받게 된다. 그러나 어찌 보면 나라는 규정은 그 이전 정자·난자를 형성한 물질이 태동한 시점부터가 나였어야 하는 것이 타당할는지도 모른다. 아니 타당하다. 그러나 이를 차치하더라도 개체로 인정된 이후부터도 몸을 나로 규정할 수 있는 지점은 없다.

태어난 순간의 몸, 처음 걸음마를 한 순간의 몸, 청소년기의 몸, 성장을 다 한 성인 시기의 몸 등 어느 몸 하나를 나라고 하기엔 부적절하다. 그리고 언젠가는 에너지를 공급받지 못하는 순간이 오면 공동체를 이루고 있던 세포는 흩어지게 마련이다. 이것이 몸의 실체다.

실체가 이러니 몸을 유지하는 데 부단히 심혈을 기울이게 되고 집착하게 되어있다. 몸에 좋은 음식과 안락함 그리고 쾌락까지 몸을 위한 것들에 공을 들인다. 몸에 조금이라도 이상이 생기면 안절부절못하고 병원을 찾기에 급급하다. 그러니 태어남의 목적 따윈 안중에도 없다. 잊어버린 지가 오래다. 삶의 가치에 앞서 오로지 생존에만 관심을 둘 뿐이다.

몸이 풍랑을 헤치며 항해하고 있는 형국이니, 어쩌면 당연한 일인지도 모른다. 어떻게든 잔잔한 항구에 정박하여 평화를 누리고자 하는 바람은 지극히 정상적이다. 이렇듯 불완전한 몸을 가지고 살고 있으니, 몸이 조금이라도 잘못될까 봐 전전긍긍이다. 그러므로 몸을 나라고 생각하는 한 항상 두렵고 불안할 수밖에 없다.

몸은 눈에 형상으로 보이니 실체라도 있는 것처럼 느끼기라도 한다. 하지만 마음은 그런 실체조차도 없다. 더더욱 타인에겐 없는 영역에 가깝다. 그런 마음을 우리는 움켜쥐고 산다. 살펴보면 나라는 것의 주체가 마음이라고 할 정도로 나라고 하는 존재에 있어 지배력이 엄청나다.

마음은 기억과 생각과 상상과 감정의 묶음이다. 이것들은 유기적으로 결합한 형태로 굳건한 동맹을 맺고 있다. 기억은 과거의 주관적인 경험의 흔적이다. 기억은 오롯이 자신만의 기준 잣대로 편집한 것일 뿐이다. 전혀 객관적이지 않다는 치명적인 단점이 있다. 또한, 지금 여기에 있지도 않다. 실체가 존재하지 않는 허상이다. 생각은 떠오르는 기억과 상상이다. 기억을 기초로 하고 있다. 이것 또한 실체가 없기는 마찬가지다. 상상은 마음으로 그린 그림이다. 더더욱 허구일 뿐 진실과는 거리가 멀다. 감정은 이런 마음의 느낌이다. 당연히 혼자만이 가지는 착각이다. 마음은 이렇듯 나 중심적이고 없음(허)이며 착각이다. 그러므로 이 허상의 마음을 가지고 사는 한 우리는 항상 답답하고 허허로움에서 벗어날 수 없는 것이다.

불완전한 몸과 허허로운 마음을 기반으로 한 나라는 존재가 완전한 평화를 이루는 길은 온전한 나와의 만남만이 유일한 해결책이다. 온전한 '나'와의 만남은 '인식의 오류'를 벗어야 가능하다. 인식의 오류를 다른 말로는 '무명'이라고 한다. 아울러 이 무명에서 벗어나는 것을 '깨달음' 내지는 '정신 차림'이라고 일컫는다.

우리는 모두 자기 자신을 온전히 알고 있다고 착각한다. 그러나 그것은 어리석은 오만일 뿐이다. 왜냐하면, 온전히 자기 자신을 알고 산다면 세상에 대하여 답답한 것이 없어야 하기 때문이다. 하지만 펼쳐지는 삶은 답이 없어 수시로 답답한 지경에 처하곤 한다. 그러므로 나를 아는 것은 세상의 그 어떤 일보다 중요하다.

'나'를 찾기는 쉽고도 어렵다. 깜깜한 방 안에 들어가 전등 스위치를 켜는 것처럼 쉬울 수도 있고, 칠흑의 어둠 속에서 마냥 헤맬수도 있다.

'인식오류'의 첫 번째는 자기의 몸을 우주와 무관한 존재로 인식하고 있다는 데 있다. 그러니 우리는 오직 내 몸만이 나라고 규정짓고 있다. 나의 본질이 무한한 존재인 우주라는 사실을 모른다. 우주가 생명으로 가득 차 있기에 나라는 몸이 살아 움직이고 있음을 잊고 산다. 내 몸이 우주의 살아있음과 연결되어 있다는 기적을 외면하고 있다. 하지만 생명의 근원인 무한한 우주가 자신의 본질이라는 사실을 깨달아야 한다. 그래야 칠흑의 어두운 장막을 벗어날 수가 있다. 그 사람만이 기적의 삶을 맛보게 된다.

'인식오류'의 두 번째는 자기의 마음이 실재 한다고 고집하고 있

철부지의 삶, 개똥철학이 있어 좋다

는 것이다. 허상의 자기 마음을 붙잡고서 세상을 바로잡아 살려고 애쓴다. 볼 수도 만질 수도 없는 과거의 편집된 흔적에 사로잡혀 빠져나오려 하지 않는다. 눈을 뜨고 있으나 마음이 색칠되어 보질 못하고, 귀로 들었으나 마음에 필터링 되어 듣지를 못하고, 피부로 촉감했으나 마음에 굳어버려 느끼지를 못한다. 그러므로 마음에서 빠져나와 지금에 머물러야 한다. 오롯이 지금 여기에 존재하여야 한다. 이렇게 눈앞을 주시하고 호흡이 들고 남을 놓치지 않을 때, 오롯이 지금 여기에 존재하게 되어 마음의 굴레를 벗어나게 된다. 지금 여기만이 실재하는 세상이다.

영원하고 생명이고 변하지 않는 완전함만이, 전전긍긍과 안절부절못함을 잠재우고 평안으로 안내할 수 있음을 알아야 한다. 실재 하는 것으로 알고 있던 내 마음은 없는 허상이고, 실재 하지 않는 것처럼 보이는 자연의 이치인 순리만이 진짜임을 알아야 한다. 철부지여! 진리의 문으로 들어설 일이다.

마음공부

　　'마음공부'라는 말을 들어본 지도 어언 40
여 년의 세월이 흘렀다. 20대에 접어들어 듣게 된 말을 이렇게
오랫동안 붙들고 있을 줄은 몰랐다. 하여튼 그 덕분에 깨달음까
지는 모르겠고, 다만 철부지 신세는 면하게 되었으니 얼마나 다
행스러운 일인지 모르겠다.

　지식의 한계점을 인식한 것인지, 아니면 혼란스럽고 답답한 세
태가 반영된 영향인지 구분이 명확하지는 않지만, 마음공부에 대
한 언급이 자주 되는 요즘이다. 어쨌든 마음을 들여다보겠다는
것이니 긍정적으로 지켜볼 일이다.

　처음 마음공부를 접했을 때는 정말로 아무것도 모르던 철부지
인지라서 닥치고 마음공부였던 시절이다. 지금과 같이 무한으로
지식과 정보를 꺼내 쓰던 시절이 아니었다. 그렇다고 지도해줄
선지식을 만나는 것도 정말이지 조상들의 선업이라도 있어야만
가능했다. 딱 부러진 마음공부와 관련된 책은 고사하고 그 언저
리쯤의 책을 손에 쥐는 일도 하늘의 별 따기였다. 금전적인 것이

가장 크게 작용한 것이기도 하지만 도서관도 손에 꼽을 정도여서 접하기가 쉽지 않았다.

지금에 와서 생각을 해보면 마음공부의 초기에 톡톡 건드려 주는 멘토를 만났더라면 하는 아쉬움이 많이 든다. 그랬으면 조금은 덜 헤매었을 일이고 허송세월하지 않았을 터이다.

마음공부는 기득권의 오류를 분별하는 것에서부터 출발해야 할는지도 모른다. 왜냐하면, 거대한 규모로 세력화된 각 종교단체의 생존경쟁이 만만치가 않을뿐더러 마케팅기법이 가미된 그들의 이론 또한 만만치가 않기에 그렇다.

여기에다 나름의 철학이 정립된 개념 정리와 간절함이 더해진다면 일취월장할 수 있다. 금강석이 전부가 아니라는, 깨트려 보겠다는 단호함이 있어야 한다. 그래야만 금기시되고 있는 성경, 불경, 코란 등도 낱낱이 해부해서 더듬을 수가 있다. 그렇지 않고서는 기존의 제도권 속에서 틀에 박힌 공부만을 답습할 가능성이 짙다.

우선 '마음공부'의 마음과 공부의 개념을 정리할 필요가 있다. 이 부분만 잘 정리해도 마음공부는 한결 수월해진다. 대부분은 이것의 혼돈으로 올바른 정견의 길로 들어서기가 어렵다.

마음공부의 '마음'은 우주자연의 마음인 '순리'를 깨닫는 공부다. 이 마음이 하나님의 마음이고 부처님의 마음이다. 이래야 정견에 입문하게 된다. 이것이 진정한 진리탐구 영역이다. 마음공부는 절대로 인간의 마음을 공부하는 것이 아니다.

인간의 마음을 공부하는 영역은 심리학이고 심리상담학이다.

자칫하여 이를 구분하지 않고 마음공부를 하게 되면 정작 정견의 문턱에도 이르지 못한 채 인간의 마음에만 매달리다가 세월을 다 보내게 된다.

또한, 마음공부의 '공부'도 공부라고 하기보다는 깨달음이라고 해야 올바르다. 공부라고 하면 통상 지식을 습득하고 저장하는 것으로 의미가 굳어 있다. 자칫 마음공부를 알음알이 정도로 여기게 될 여지가 다분해진다.

대부분은 마음공부 하면 입문하기에 앞서서 어렵다고 하여 지레 겁부터 먹고 주저하거나 자신과는 무관한 일로 치부한다. 그러나 마음공부라는 것이 먹고사는 것의 맨 끄트머리 정도에 붙어 있는 심심풀이 땅콩으로 치부되어서는 안 되는 영역이다. 이렇게 되면 삶의 본질은 고사하고 헛고생만 하다가 생을 마감하는 꼴이 될 수밖에 없다. 이것은 금을 캐기 위해 채굴하면서 정작 금은 다 내팽개치고 헤쳐 놓은 흙만 챙기는 꼴과 마찬가지이기 때문이다.

마음공부라는 것이 절대로 어려운 영역의 공부가 아니다. 어쩌면 마음공부가 세상에서 가장 쉬운 공부일는지도 모른다. 캄캄한 방안에 전등의 스위치를 켜는 것처럼.

우주자연마음은 그대로 훤하게 드러나 있다. 어디에 감추어져 있거나 특정한 부류가 소유하고 있지도 않다. 언제나 지금 여기에 영생불변 진리의 존재로 자리하고 있다. 또한, 인간의 마음처럼 각 개인의 숫자만큼 다르게 존재하는 것도 아니다. 우주자연마음은 오로지 하나의 한결같은 마음뿐이다.

그러므로 마음공부는 지금 여기 있는 그대로를 바라보는 것에서 출발한다. 이것이 정신을 차리는 것이다. 자기의 마음이 과거나 오지 않은 미래에 머물고 있다는 것을 알아채고 번뜩 물리쳐야 한다. 기억, 생각, 상상, 감정 따위는 우주자연마음의 영역이 아니다. 이것들은 우울과 불안과 초라함과 조급증과 공황 상태를 불러오는 원인일 뿐이다.

우리는 항상 지금 여기에 살고 있다. 그러므로 몸과 마음은 오롯이 지금 여기를 바라보고, 지금 여기에 머무는 것이 당연한 이치다. 그러나 우리네 마음에서는 언제나 영화가 상영되고 있고, 소설을 쓰고 있다. 영화와 소설의 주인공은 언제나 자기 자신이다. 등장인물도 자기가 캐스팅했다. 주제도 내용도 자기가 정했고 편집했다. 이 영화와 소설을 보고 읽는 사람은 언제나 자신뿐이다. 그러므로 삶은 언제나 답답하다고 느끼는 것이다.

"아차! 내가 또 영화와 소설에 빠져 있네."
이렇게 알아차림이 깨달음이고, 정신을 차리는 것이다. 전혀 어렵지 않다. 알음알이나 지식 따위도 필요가 없다. 이런다고 손해가 발생하는 것도 아니다. 누가 뭐라 할 사람도 없다. 특별한 장소가 필요한 것도 아니다. 누구의 도움을 받을 이유도 없다.

처음 마음공부에 입문 아닌 입문을 하고선 문득문득 사제의 길과 출가에 대해 충동이 일어나곤 했다. 그 길이면 더 쉽게 더 빨리 벗어날 수가 있겠다는 생각이 많았다. 혹여 부모님이 안 계시면, 결혼하지 않았다면, 자식이 없었다면 결행했을는지도 모른다. 그러나 참으로 다행인 것이 그 길로 갔더라면 안락한 수행처는 얻었을지는 몰라도 지금과 같은 깨우침에는 못 미쳤을 것이 분명하다.

소용돌이치는 물살이라야 강바닥의 개흙이 헤집어 올라오는 법이다. 자식으로, 남편으로, 부모로, 형제로, 일터에서, 모임에서 자갈처럼 모래알처럼 구르고 쪼개지며 한 발짝씩 한 발짝씩 깨달을 수 있어서 다행이었다. 다가왔던 모든 우여곡절이, 일어났던 다사다난함이 너무나 감사한 수행의 조건이었으며 스승이었음을 실감한다.

홀홀 털어 보니 참으로 별것도 아닌 것을 왜 그리 어렵게 매달렸었는지 모르겠다. 참 많이도 돌아서 왔다. 그래도 얼마나 다행인지 모른다. 때때로 멈추고 싶은 걸 잘 이겨내고 왔다. 대견하고 자랑스럽다. 이후의 바라는 것이 있다면 마음공부에 대하여 톡톡 건드려 주는 멘토로서 조금이나마 도움을 나눠주고 싶은 마음이다.

종종 주변을 탓하며 이를 해결해 보고자 애쓰는 모습을 접하곤 한다. 왠지 짠하다. 고개를 들어 눈앞을 바라보며 자신의 숨결을 따라가보길 권한다.

착각은 자유이니 영화를 보든 소설을 쓰든 문제 삼을 일은 아니다. 다만 없는 것을 굳이 있다고 고집스럽게 움켜쥐고 힘들어하는 모습이 안타까울 따름이다.

진짜 나

　　　　모든 사람은 자기의 마음으로 세상을 산
다. 그러나 깨우쳐 보면 인간의 마음이라는 것이 실체가 없는 허
상이라는 것을 알게 된다. 왜냐하면, 마음은 기억(과거의 주관적인
경험의 흔적)과 생각(떠오르는 기억과 상상)과 상상(마음으로 그린 그림)
과 감정(마음의 느낌)의 유기적 결합체로서 언제나 지나가 버린 과
거에 기반을 두고 있기 때문이다.

　과거에 기반을 두었다는 것은 지금 여기에는 존재하지 않는다
는 것을 의미한다. 존재하지 않는 것은 없다는 뜻이다. 그런데도
있다는 착각으로 자기의 마음을 굳게 신봉하며 산다. 그래서 가
짐과 성공에 매달리고 흥분과 쾌락에 빠져든다. 그러므로 이 마
음으로 산다는 것은 살아있는 것 같지만 죽어 있고, 실재하는 것
같지만 허상이다. 그러니 살았다고는 하나 남음이 없다. 이루고
가진 것 같지만 항상 허전하다. 그러므로 이런 삶으로 평생을 보
내게 되면 꿈속에서 헤매다가 날이 새버리는 꼴이 될 뿐, 아무런
뜻과 의미가 있을 수가 없는 것이다.

이런 '마음에서 벗어나 정신을 차리는 것'이 마음공부이고 명상이며 기도다. 이를 통해 우리는 진짜 자신의 마음을 찾게 된다. 이 마음이 자연, 부처님, 하나님, 진리라고 부르는 우리 본래의 마음이다. 이 마음으로 사는 것이 우리의 궁극적 목적이 되어야 한다. 그렇지 않으면 모든 삶은 헛되고 헛될 수밖에 없다. 살아 봤자 빈탕인 것이다.

곰곰이 생각해 보면 삶에서 이것보다 더 중요하고 시급한 일은 없다고 봐야 한다. 그런데도 먹고사는 일에 밀려나 항상 뒷전인 것이 '나를 찾는 일'이다. 이 모습은 어쩌면 본업은 내팽개치고 부업과 아르바이트에 정신이 팔려 있는 형국과 다르지가 않다. 또 정규직은 마다하고 일용직 내지는 시간제 아르바이트를 자청하고 있는 꼴이다. 멀쩡한 집을 놔두고 집 밖에서 노숙하는 것과 마찬가지다.

집 없는 설움을 알기에 기를 쓰고 집을 장만하려 악착같이 돈에 매달린다. 비정규직의 비애를 알기에 정규직이 되기 위해 무던히 애를 쓴다. 어렵고 실패할 위험을 알면서도 창업을 하고 벤처기업을 운영한다. 이것이 인지상정이고 의식이 있는 사람의 모습이다.

그렇게 보면 '삶의 궁극적인 목적'을 위해서는 수천 배, 아니 수만 배의 노력과 몸부림도 마다하지 않아야 하는 것이 마땅하다. 인생의 여정에서 이보다 더 중차대한 일도 없다. 어쩌면 먹고사는 것과 자존심을 세우는 일이 우선인 시대에 이런 말은 공허한 메아리로 들릴 수도 있다. 그러나 헛된 꿈과 빈탕의 삶에는 아무리 노력하고 매달려 봐야 남는 것이 없다. 그러니 하루를 살더라도 진짜 삶을 살아야 한다.

  '정신을 차려 진짜로 산다.'라는 것이 특별하거나 어느 특정한 사람의 전유물은 아니다. 누구나 해야 하고 누구나 할 수 있고 누구나 될 수 있다. 그러나 그렇다고 해서 구하지도 않고 열려고도 하지 않는데 얻어지거나 문이 저절로 열리지는 않는다. 물 한잔도 저절로 얻어지는 법은 없다. 하물며 참 생명을 구하는 일이다. 진지하게 물음표를 던지고 간절하고 애타게 원해야 하는 것은 기본이다.

  반면 이것은 세상에서 가장 쉽고도 간단한 일인지도 모르겠다. 왜냐하면, 없는 것을 만들거나 쟁취하는 것이 아니기 때문이다. 이것은 착각에서 깨어나는 것이고, 원래 있던 자리로 되돌리는 일이고, 나왔던 집에 다시 들어가는 것이고, 자기의 신분을 회복하는 일이고, 권리를 찾는 일이기 때문이다. 그렇기에 자존심이라고 하는 자기의 마음을 무시해 버리기만 하면 저절로 회복되게 되어있다.

  인기 프로그램 '나는 자연인이다.'에 나오는 출연자를 보고 있노라면 하나같이 구구절절 사연이 많다. 죽을 만큼 힘들고 자존심이 상했던 과거를 가지고 있다. 시한부 선고를 받은 사람, 사업에 실패한 사람, 가정이 쪼개진 사람, 우울증과 공황장애로 시달리던 사람, 삶의 회의감에 힘들어하던 사람, 주변의 배신과 압박에 시달리던 사람 등 삶의 벼랑 끝에서 모든 것을 포기했던 사람들이다. 그랬던 그들이 하나같이 현재의 삶에 만족해하며 행복을 노래하고 있는 모습을 보여준다.

과연 이들은 어떻게 부활한 것인가? 그들은 과연 무슨 노력을 한 것일까? 분명 그들이 이렇게 변한 것에는 이유와 방법이 있을 것이다. 그러나 그들은 특별한 노하우를 말하고 있지 않다. 말하고 있는 것이라곤 모든 것을 포기했다는 것과 비우고 버렸다는 것뿐이다. 출연자인 윤택과 이승윤이 나눈 그네들의 인터뷰를 들어 보면 그들의 성숙한 내면의 깊이가 느껴진다. 자연과 하나 된 그들의 모습에서 조금은 성스러움마저 느껴진다.

포기했다는 것은 자존심 따위에는 다시는 연연하지 않겠다는 다짐이다. 자존심의 헛된 망상을 뼈에 사무치게 겪었기에 더는 흔들릴 수가 없다는 참회를 하는 것이다. 비웠다는 것은 욕심껏 채워 놓은 자기의 마음을 깨끗하게 청소했다는 것을 의미한다.

마음의 욕심은 세상을 색안경을 끼고 바라보게 했다. 그러니 안타깝게도 눈이 있어도 세상을 제대로 볼 수가 없었다. 세상은 자기의 마음을 비운 만큼 드러난다. 버렸다는 것은 마음의 잣대를 내려놓았다는 뜻이다. 자기의 기준틀에 세상을 맞추려 하지 않으면 불협화음과 시비분별에 시달리지 않는다. 이것이 진리다.

진짜 나란 진리의 마음을 말하는 것이다. 진리의 마음은 하나님 부처님의 마음이다. 하나님 부처님 마음은 내가 하나도 남김없이 포기되어야 하는 자리다. 나라는 자존심이 티끌만큼이라도 남아 있는 한 진짜 마음은 임하지 않는다.

순리의 세상에 나라는 인간이 들어갔다고 가정해보라. 그곳에서 내가 존재할 수 있겠는가? 이 자리는 진실로 나를 다 버리고 죽어야 가는 자리다. 모든 걸 다 비우고 비워내야 다다를 수는 있는 자리다. 그곳은 모든 것이 그대로 드러나는 투명의 세상이다. 다 내비치는 세상에 시커먼 마음 덩어리를 붙들고는 한순간도 머물 수가 없는 것이 이치다.

진짜의 마음으로 돌아가는 것은 죽음을 벗어나 새 생명을 얻는 일이다. 돌아간다는 것은 본성을 회복하는 것이다. 본래 자리로 돌아와 안착하는 것이고, 고향 집으로 귀가하여 부모 품에 안기는 일이다. 이곳은 영원히 변함이 없는 생명 그 자체인 세상이다. 이 자리는 가장 크고 넓으며, 가장 높고 낮은 무한대의 세상이다.

우리는 이곳 이 세상에서 나고 자라 사는 존재다. 마땅히 하나님 부처님 세상에서 진리의 마음으로 살아야 하는 것이 이치에 맞다. 하지만 어찌 된 영문인지 자기만의 허상의 세계를 만들어 허깨비 놀이에 빠져 허우적대다가 생을 마감하는 전철을 답습하고 있다. 윤회의 굴레가 씌어진 악습에 옥죄어 있다.

지금 여기에 온전히 깨어나는 방법은 의외로 간단하다. 우선 온몸의 긴장을 푼다. 정면을 응시한다. 숨이 들어가고 나오는 것을 놓치지 않고 주시한다. 이 순간은 자기의 마음이 없다. 오롯이 지금 여기만이 존재한다. 그대로 진리와 하나가 되어 호흡한다.

온 우주 만상만물과 호흡하는 맛, 어찌 황홀하지 않을 수가 있겠는가? 예수님이 그랬고 석가모니 부처님이 그랬다. 자기라는 허상의 마음을 벗고 하나의 자연마음으로 사는 것이 진짜 나로 사는 것이다. 길이요. 진리요. 생명이다.

나 없음의 진리

"귀신 본 적 있어?"

가끔 뜬금없이 질문을 던질 때가 있다. 어쩌다 한두 명 귀신을 봤노라 말하는 사람을 빼고는 대부분은 없다는 대답이 나온다. 덧붙여 나는 매일 귀신을 본다고 말한다. 아니 매일 귀신을 보고 있는 정도가 아니라 그 귀신과 한 몸이 되어 껴안고 산다고 말한다. 다들 의아해서 눈이 휘둥그레진다.

세상에 귀신의 존재는 없다. 하나님 부처님 세상에 귀신이라니 어림도 없는 소리다. 그러나 단 하나 예외가 있다. 나라는 존재는 예외다. 귀신은 바로 나다. 내가 귀신이다. 마음이 그렇고 사는 꼴이 그렇다. 정말로 귀신이 맞다.

하루 동안 내 일거수일투족을 촬영하여 돌려 본다면 얼굴을 들지 못할 것이다. 거기다 마음을 보는 기기가 있어 들여다본다면 정말이지 꼴불견도 그런 꼴불견이 없을 것이다. 못난 사람일수록 자기 자신한테는 한없이 너그럽다. 반면 세상을 향해서는 매정하다. 자기만의 기준 잣대를 가지고 하나님 부처님인 양 세상의 심판자 노릇을 하곤 한다. 이런 면에서 보면 두말할 것도 없이 나는 귀신임에 틀림이 없다.

'힘들다. 어렵다. 죽겠다. 못 살겠다. 미치겠다. 속상하다. 화가 난다. 포기하고 싶다.'라고 말하는 것은 대개 주변의 상황이 자신을 억압하거나 옥죄어 온다는 마음이 들면 표출되는 감정의 표현들이다. 이런 경우 대부분 문제의 원인이 타인에게 있다고 생각하게 된다. 따라서 해결의 실마리도 타인에게서 찾게 된다. 그러나 세상이 어디 내가 마음먹은 대로 되는가. 내 마음도 어쩌지 못하는데 타인의 마음을 컨트롤한다는 것은 어불성설이다. 불가능한 것을 하고 있으니 상황은 점점 더 극단을 향해 치달을 수밖에 없다.

상황을 붙들고 마음을 쓰고 있는 당사자는 자기 자신이다. 자신의 마음 상태부터 살펴야 하는 것이 도리다. 도리(道理)가 뭔가? 도리는 올바른 길을 찾는 내비게이션이다. 가장 쉬운 길이고, 타당한 길이고, 이치에 맞는 길이다. 믿고 따르는 것이 당연하다. 마음을 살피는 데 있어 질문 만한 것이 없다. 자문(自問)과 자답(自答)은 실과 바늘처럼 같이한다.

자기 자신에게 몇 가지의 질문만 던져 봐도 실마리가 잡힌다. 상황정리가 한결 수월해진다. 엉킨 실타래를 풀어 본 사람은 안다. 실마리를 찾는 것이 얼마나 중요한 것인지를. 오죽하면 술술 풀린다고까지 했겠는가. 그러므로 평소에 자문하는 습관을 지닐 필요가 있다.

물음표(?)는 자기의 마음 꼴이 상황을 어떻게 끌고 가는지 눈을 뜨게 한다. 마음의 꼴을 보는 순간 깨닫게 된다. 귀신 꼴로 붉으락푸르락하는 그놈이 문제라는 걸 안다. 귀신은 물리치면 그만이다. 물리친다는 것은 인정하지 않는 것이다. 귀신은 허깨비라서 착각에서 벗어나면 사라지게 마련이다. 내 마음에 품은 것이 귀신임이 드러났다. 나는 없고 귀신만이 귀신놀음을 한 것이다.

　이것이 누구의 마음인가? 상대방 때문에 벌어진 상황으로 이러고 있는 것 같지만 정작 그것은 과거의 일일 뿐, 과거를 붙들고 있는 사람은 자기 자신임이 드러난다. 그 일을 해결해 보겠다는 마음보다는 자기의 분노를 표출하는 것이 목적이 되어 버렸다. 배가 산으로 가버린 상황이 벌어진 것이다.

　부모가 아이와 벌이는 신경전에서 가장 많이 발생하는 상황이다. 질풍노도의 아이들이다. 비포장도로를 마구 달리는 달구지가 포장도로를 달리는 고급승용차이길 바라면 곤란하다. 이런 마음은 아이를 제대로 바라보기가 어렵다. 내 아이는 달구지가 아니라는 걸 전제했으니 아이의 돌출행동이 도무지 이해되지 않을 수밖에 없다. 지금까지 금이야 옥이야 뒷바라지한 것이 억울하고 분하기가 그지없을 것이다.

　하지만 지금 이 순간, 아이가 문제인 것 같지만 진짜로 문제에 직면한 당사자는 자기 자신이다. 화가 나 있는 것도 자기 자신이고, 억울하고 분한 것도 자기 자신이다. 이런 마음을 가지고 아이를 판단하고 달래고 대화한들 둘 사이의 틈은 점점 더 멀어질 것이 분명하다. 그러기에 앞서 자기 자신의 상태를 먼저 살피는 것이 지혜로운 어른의 모습이다. 어른의 기준은 나이를 많이 먹은 정도가 아니라 자기 자신을 살필 줄 아는 지혜의 정도가 척도라는 것을 명심해야 한다.

　나 없음이 진리다. 진리의 세상은 내가 존재할 수 없는 곳이다. 오직 하나의 세상과 하나의 마음인 하나님 부처님 그 자체만이 존재하는 곳이다. 이곳은 세상 너머의 세상이다. 영원 전에도 있었고, 지금도 있고, 영원 후에도 그대로 변함없이 존재한다.
　없다는 것은 나라는 존재가 하나도 남음이 없이 비워지고 완전하게 포기가 되었다는 것을 의미한다. 완전한 포기란 목숨이 끊어진 것처럼 잘남이, 욕심이, 원한이, 인연이, 사랑이, 고집이, 시비와 분별이 하나도 남김없이 비워진 상태를 말한다.
　진리의 나라는 하나님 부처님의 나라다. 이 나라에 임하는 것은 하늘에 승천하는 일이다. 휴거하는 것이다. 우리가 휴거를 못 하는 것은 무겁기에 못하는 것이다. 마음의 짐이 무겁게 짓누르고 있기 때문이다. 자기밖에 모르는 인간의 욕심을 안고는 승천은 어림도 없다.
　승천의 길은 바람의 마음, 청산의 마음, 유수의 마음인 사람에게만 주어지는 특권이다. 승천과 휴거는 누가 해주는 것도 해줄 수도 없다. 승천과 휴거는 비우고 비워 더 비울 것이 없을 때 바람에 실려 가듯 저절로 이루어진다. 내가 하나도 남김이 없을 때 이루어진다. 내가 없는 나라, 그곳이 진리의 나라다.

　아무리 나를 내세우고 발버둥 치고 산다고 한들 답이 없음을 확인하게 되는 나이에 접어들었다. 이제 더는 귀신에 끌려다닐 수는 없다. 지금과 같은 삶의 지속은 귀신만 살찌우는 인생을 사는 것뿐이란 결론에 다다랐다. '나 없음의 진리'에 안기는 삶만이 답이란 결론에 이르는 아침이다. 밝은 봄비가 진리의 미소 지으며 대지를 적시고 있다.

철부지의 삶, 개똥철학이 있어 좋다

진면목
(眞面目)

오월 초순의 주말 아침이다. 걷기운동에 나섰다. 안양천을 따라 올라가다가 김중업건축박물관을 돌아서 내려오는 코스다. 구간의 거리는 왕복 8㎞ 남짓이다. 안양천의 아침 공기는 초여름이라고 해도 어색하지 않을 정도여서 걷기에는 안성맞춤이다. 이맘때쯤 안양천은 짝짓기하는 잉어들로 요란하다. 녀석들의 힘찬 몸짓으로 물이 솟구친다. 소리에서 강한 생명력이 전해진다.

집을 나서며 썼던 KF94 마스크를 정식 코스에 접어들면서 벗어들었다. 실외에서 마스크 없이 다닐 수 있게 되었다. 2년여 만이다. 그래도 운동을 나온 대부분 사람은 여전히 마스크를 착용하고 있다. 그중 몇몇만이 마스크를 벗은 모습이다. 낯설고 생소하기도 하지만 참 반갑다. 지나는 사람들의 온전한 면목을 본다는 것이 이리 반가워질 줄은 몰랐다.

이목구비가 드러나는 일은 남다르다. 주고받는 인사에 신뢰가 더해진다. 안색을 살펴 서로 마음을 헤아릴 수가 있다. 두려움과

낯섦이라는 자리에 친숙함 내지는 익숙함이 자리한다. 지구별에서 한참 벗어난 어느 외딴 행성에 불시착한 기분으로 지내는 일은 참으로 난감하였다. 만시지탄이지만 이렇게 면목을 확인하게 된 것이 얼마나 다행인지 모르겠다.

3월 9일 선거를 통해 새로운 대통령이 선출되었다. 대통령직인수위원회가 꾸려져 활동을 시작한 지가 2달이 흘렀다. 내주 화요일이면 새로운 정부가 나라를 책임지게 된다. 그간 정부 각료들의 인선이 발표되었다. 하지만 국무총리를 비롯한 대부분의 장관 후보자는 청문 과정에서 어려움을 겪고 있는 모양새다. 벌어지는 꼴은 전임 정부나 새로운 정부나 하나도 다른 것이 없다. 드러나는 면면을 살펴보면 하나같이 자기에겐 더없이 관대한 잣대를 적용하며 살았음이 분명해 보인다.

저런 인사들이 임명된다면 분명 불량품 잣대를 가지고 부여된 책무를 권력이라고 착각하며, 온갖 불협화음을 낼 것이 분명하다. 선거의 결과는 민의를 반영한 것이다. 지난 정부의 꼴이 반복되면 안 된다는 국민의 열망이 진영을 바꾼 것이다. 그러나 바람은 바람일 뿐, 별반 다를 것이 없겠다는 우려가 엄습한다. 제발 기우이기를 바란다.

청문회를 통하여 후보자는 그간 자신이 쌓아온 경험과 내공을 드러내 보여야 한다. 그래야 국민은 안심하고 신뢰하게 된다. 이런 연후에 자신의 무한한 능력을 발휘하여 청렴하게 봉사하길 주저하지 말아야 한다. 그러므로 사리사욕에 연연하여 자리를 탐하고자 하는 사람은 공복의 길에 나서길 두려워해야 한다. 그런데 어찌 된 일인지 이를 아랑곳하지 않고 공직의 자리를 탐하고 있다. 이를 보고 있노라면 화가 나기에 앞서 측은함이 든다. 어찌 저리 자기 자신을 모르고 있는 것인지 아이러니하기만 하다. 자신의 진면목은 고사하고 오히려 가면에 가려졌던 민낯이 고스란히 드러나고 있다.

대통령제 국가에서 나라를 이끌 국무위원이라는 공복의 자리는 막중하다. 공복으로 호명되어 청문회에 서는 것은 두려움과 자부심이 공존하는 자리다. 자신의 철학을 공유하여 공복으로서의 자질을 국민에게 검증받는 자리이기 때문이다. 프로필에 담기지 않은 자기 자신을 당당하고 소신 있게 드러내야 한다. 이를 통하여 국민은 그 사람의 드러나지 않았던 진면목을 확인하게 된다. 흡족하게 나라의 미래를 기대해 보는 것이다. 그러나 이와는 정반대다. 양파껍질이 벗겨지듯 그간 숨겨왔던 부끄럽고 수치스러운 민낯이 드러나는 경우가 다반사다. 진면목은 고사하고 화면에 비친 면목 없어 하는 후보들의 구차한 꼴을 대하는 국민의 심정은 그저 답답하다.

반면 이와는 정반대의 경우를 접하기도 한다. 검소하게 모아 온 전 재산을 사회에 환원하며 생을 정리하는 분들의 사례가 그러하다. 피땀 흘려 일군 문전옥답과 밤을 새워 일으킨 기업을 자식에게 대물림하지 않고, 학교와 단체에 미련 없이 기부하는 모습이다. 그들의 가치관과 철학이 내심 우러러 보인다. 또 그러한 당신들의 뜻을 기꺼이 지지하고 따르는 가족들 또한 대단하단 느낌이다.

기사에 실려 드러난 그분들의 삶과 주변에서 바라본 그네들의 모습은 사뭇 다르지만, 공통점이 많다. 서로 다른 분야에서 다양한 일을 하면서 삶을 일구어 왔지만, 그들의 삶의 모습은 판에 박은 듯이 닮았다. 반듯한 그들의 삶이 경건함 그 자체로 다가왔다.

　스스로 드러내거나 티 내지 않는 삶, 주변을 의식하지 않고 자신만의 가치를 꾸준하게 실천하고 지키는 삶, 물 한 방울 휴지 한 장도 허투루 쓰지 않는 검소한 삶, 재산의 많고 적음에 상관없이 초심을 잃지 않고 인내하는 삶 등. 일희일비하지 않고 일관되게 자신만의 가치를 실천한 그들의 삶과 철학은 남다르다.

　이를 지켜본 주변 평가 또한 대동소이하다. 그렇게나 많은 재산을 가진 부자였다는 것이 의외였다는 평이 대부분이다. 지켜본 그들의 삶은 평범한 서민의 삶, 그 이하의 생활 수준을 유지하길 마다하지 않았다는 것이다. 부를 함부로 사용하지도 않았으며, 부를 앞세워 갑의 위치를 누리지도 않았다는 한결같은 평가가 있다. 평소에 드러나지 않았던 그네들의 감춰졌던 진면목에 다들 놀라움을 금치 못하고 있는 눈치다.

　자신의 몰염치한 민낯을 드러내면서까지 자리를 탐하는 위정자들이 판을 치고 있다. 반면 드러내지 않아도 자연스럽게 자신만의 진면목을 인정받는 사람들이 있다. 같은 하늘 아래 같은 공기를 마시지만, 이들이 내보인 면면은 그야말로 하늘과 땅만큼의 틈새가 되어 다가온다. 어찌 된 영문인지 그 연유가 궁금하다. 무엇보다도 이런 차이가 하루 이틀에 벌어진 것은 아니리라. 그러나 분명한 사실은 자기 자신의 본바탕을 확인하고 사는 사람과,

하이에나처럼 허상만을 쫓아다니는 사람과의 차이는 말할 수 없이 크다는 사실이다.

이 세상에 자신의 진면목을 알고 사는 사람이 얼마나 될까? 자못 궁금하다. 진면목은 고사하고 면목조차 제대로 세우지 못하고 있는 것 같아 안타깝다.

면목이 돈인 세상, 면목이 갑질하는 자리로 알고 있는 세상, 면목이 밥 먹여 주지 않는다는 세상이다. 진면목 따위가 뭐 그리 대수일까 싶기는 하다. 그러나 세상에 태어나 내가 한 일과 벌여 놓은 일이 고작 목구멍에 풀칠이나 하고, 돈 벌어 갑질하고 세상을 시끄럽게만 한 것이라면 좀 곤란하지 싶다. 그러다가 죽음을 목적에 둔 순간, 찾아올 답답한 심경은 어찌할까 심히 걱정된다.

인생에서 자신의 진면목을 확인하는 일은 그 어떤 일보다 중요하다. 진면목을 모르고 산다는 것은 그야말로 팥소가 없는 찐빵을 먹는 것과 같다. 징말이지 김빠진 콜라나 사이다를 먹는 기분과는 비교도 되지 않을 만큼 허무맹랑한 꼴일 것이다.

그 밋밋한 맛 때문에 김빠진 콜라나 사이다는 거부되거나 버려진다. 본연의 맛과 기능을 상실한 결과다. 단순한 기호식품 하나도 이렇다. 하물며 한 번뿐인 나의 인생이 이런 꼴이라면 어떻겠는가?

자신의 '본래 진면목'을 살펴볼 일이다. 그래야 답답함에서 벗어날 수가 있다. 허망한 삶의 종착점이 영생불변하는 진리의 삶을 사는 시발점이 된다. 더는 '면목 없다'라는 구차한 변명 따위는 없어야 한다. 세상은 본래부터 '진면목'뿐임을 깨달아야 한다. 이목구비가 뚜렷한 하나님 부처님의 세상임을 알아야 한다.

하나님 부처님의 나라에서 나왔으니, 진면목이 하나님 부처님인 것은 당연한 이치다. 그러므로 삶 또한 하나님 부처님의 삶이어야 마땅하다. 그렇지 않고 이를 외면하거나 깨닫지 못하고 사는 것은 참으로 안타깝고 부질없는 삶일 수밖에 없다. 하루를 살아도 자신의 진면목을 알고 사는 삶이 되어야 마땅하다.

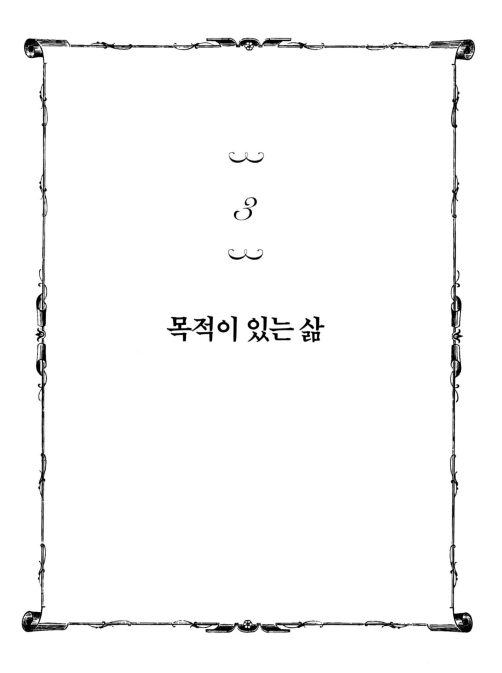

3

목적이 있는 삶

왜 목적인가?

어떤 일에 있어서 알맹이가 없는 것을 '앙 꼬 없는 찐빵'이라고들 표현한다. 일에 있어 실속이 없음을 이르는 말이다. 삶에서도 목적이 없거나 목적을 벗어나 사는 것은 무의미할뿐더러 회한만을 남길 여지가 크다. 이런 의미에서 보면 '삶의 목적'을 짚어보는 것은 그 어느 것보다 중요한 일임에 틀림이 없다.

삶의 목적은 나무에 있어 뿌리와 같다. 뿌리 없는 나무는 그 존재를 지탱할 수가 없다. 벌채되어 밑동이 잘린 나무는 쓰러짐과 동시에 나뭇잎은 시들고 나뭇가지는 말라버린다. 생명의 근간인 뿌리가 잘렸으니, 당연한 결과다.

땅속 깊이 견고하게 뿌리를 활착한 나무만이 그 존재감을 마음 껏 드러낼 수가 있다. 바람에 흔들려야만 하는 나뭇가지는 든든한 백그라운드인 뿌리에 근간을 두고 있기에 편안하게 존재감을 펼친다. 자연의 주기에 맞춰 싹을 키우고 잎을 피운다. 열매를 맺어 번식하고 생명체를 살찌운다. 이처럼 삶에서도 목적을 분명하게 인식하는 일은 세상의 그 어떤 일보다도 중요하다.

60년의 생을 돌아보는 요즘이다. 60을 맞이하는 12월의 중순은 남다른 감회로 다가온다. 친구들이 모이면 으레 은퇴와 노후 준비에 관한 생각들이 펼쳐지고는 한다. 자칫하면 꼰대로 치부되어 선택권을 박탈당한 채, '나 때 커피(카페라테)'를 받아야 하는 나이이고 보니 당연하다. 그러나 노후 준비에 앞서 지금까지의 삶의 궤적을 살펴 내 삶이 어디로 향하고 있는지를 정확하게 짚어보는 것이 더 현명하리란 생각이다.

돌아보면 뿌리를 인식하지 못한 삶이었지 싶다. 아니 아예 뿌리가 없는 삶을 살았다고 보는 것이 타당하리란 생각이다. 무턱대고 내달리기만 했다. 마라토너의 무리에서 탈락해서는 안 된다는 강박증적인 사고에 매달린 삶이었다.

왜 사는 것인지에 대한 고뇌가 전혀 없었기에 항상 다람쥐 쳇바퀴 돌리는 듯한 삶의 연속선상에 머물 수밖에 없었다. 어쩌면 얼마만큼 주어졌는지도 모를 생을 하루하루 좀 먹듯 파먹고만 있었는지도 모르겠다. 이런 안개 속 같은 삶은 목적을 어렴풋하게나마 인식하고부터 시야를 확보하는 중이니, 다행이라면 다행이다.

정말이지 중구난방 좌충우돌하는 삶이었다. 예측 불가결한 삶의 소용돌이를 잡아보겠다고 발버둥치면 칠수록 삶의 수렁은 더욱 깊어져 갔던 기억이다. 안개 같은 삶은 목적을 인식하면서부터 시원하게 벗겨져 갔다고 봐야 한다. 성인군자의 삶은 아니더라도 진리라는 단어를 입에 떠올려 보기라도 하는 지경에는 이르고서야 좌충우돌하는 마음이 가라앉았다.

언감생심이지만 '진리의 삶을 살아야 한다.'라는 그것만은 확인했다. 30여 년을 헤맨 결과였다. 그 숱한 정규교육을 통해서 '언질이라도 받았더라면.' 하는 아쉬움이 크게 다가왔다. 주변의 어른들이 한마디도 거들지 못했던 것을 원망도 했다. 그러나 당신들도 답답하기만 했을 터이니, 어찌할 수도 없었을 일이다. 하긴 시험지의 정답처럼 정형화된 문자와 단답형의 구술로 전달 받은들 지금과 같은 갈증을 풀어내는 시원함이나 전율은 없었을지도 모를 일이다.

하여튼 중요한 것은 삶의 이정표이자 목적지가 선명해지고부터는 더는 세상의 이치에 대하여 궁금해 하거나 묻지 않아도 되었다는 사실이다. 하지만 세포 속에 담겨 물려받은 유전적인 인간의 기질은 어쩔 수가 없다. 하여 울퉁불퉁은 여전하다. 그러나 세속에 시달려 헤매는 일은 없어진 듯하다. 속칭 정신줄은 차렸다고나 할까.

때때로 '어른'인 것인가에 대하여 자문하곤 한다. 나이가 들었으니, 연륜이 있으니, 어느 위치를 차지하고 있으니 어른인가? 어른의 기준은 무엇인가? 자문자답이기는 하지만 물음에 대한 답은 언제나 '정신 차림'의 여부에 있다는 결론에 이르곤 한다. 정신을 차린다는 것은 목적한 바를 잊지 않음이다. 그런데 살다 보면 목적을 잃어버리곤 한다. 탐(貪), 진(瞋), 치(痴)에 현혹되기 일쑤다.

어쩌다 헤매고 난 후는 하나같이 허전하다. 무언가 채워지지 않는 공허가 밀려들곤 한다. 잠시 잠깐이지만 행복이라 착각하고 흥분과 쾌락을 좇았으니, 당연한 결과다. 그러다가도 목적을 떠올려 보기만 해도 포근함이 밀려온다. 목적을 상기하는 습관만으로도 모든 것이 정갈해진다. 목적이 분명하게 각인된 후부터의 놀라운 변화다.

삶의 궁극적인 목적은 '진리의 삶을 사는 것'이다. 진리의 삶은 단순명료하다. 진리의 삶은 '자연임을 아는 것, 이치를 깨달아 순리의 삶을 사는 것'이다. 목적이 있는 삶이 행복한 삶인 것만은 분명한 사실이다. 그러니 목적이 없거나 상실한 채 사는 것은 행복한 삶을 거부하는 일인지도 모르겠다.

철학은 뒷전으로 밀려나고 물질이 세상을 지배하는 시대를 사는 요즘이다. 성난 파도처럼 밀려오는 삶의 시련과 역경을 이겨내지 못하고 스러지는 삶들이 너무나 많다. 모두 목적의 부재와 상실이 가져온 결과가 분명하다. 삶의 목적이 없으니, 시련과 역경은 단순히 괴로움의 조건일 수밖에 없다. 그러니 조건 돌파가 불가능하다고 판단되는 순간 쉽게 목숨을 내어준다.

이런 경우 애초부터 삶의 목적이 없었을 뿐만 아니라, 목적일수 없는 것을 목적인 양 착각하였음이 분명하다. 다만, 자존심을 지키는 것을 삶의 목적으로 삼았을 터이다. 그것은 돈, 사랑, 명예 따위였을 것이다. 이런 것들은 목적으로 삼을 만한 것과는 거리가 있는 단지 수단과 과정에 불과할 뿐이다. 어찌 수단과 과정을 놓고 목숨을 담보한단 말인가?

이렇게 보면 삶의 목적은 생명과 맞닿아 있다고 봐야 한다. 그무엇과도 바꿀 수 없는 삶의 목적이 있었다면 그깟 하찮은 수단과 과정일 뿐인 자존심을 지키는 것에 목숨을 내놓을 만큼 어리석은 행동은 하지 않았을 것 아닌가.

또 하나, 삶의 목적이 분명하다는 것은 무한한 용기와 자신감을 느끼게 한다. 이런 당당함은 그 어떤 삶의 풍파나 달콤한 유혹에도 절대로 흔들리지 않는다. 항상 미소 지으며 삶을 음미하는 여유로움은 그 어떤 것과도 비교할 수 없는 희열이 있다. 나는 이를 '행복'이라 생각하게 되었다.

생사의 기로와 행복의 문턱에서 삶의 목적이 가지는 의미는 두말할 필요가 없이 절대적인 비중을 차지한다. 삶의 목적은 목숨을 살리는 것은 물론이거니와 살아야 하는 이유와 사명이기도 하다. 목적이 없는 삶은 살았다고 한들, 그 의미와 뜻이 별반 있을 턱이 없다는 것을 명심할 일이다. 어른이라는 위치에 다다른 사람은 더더욱 그렇다.

두렵고 어렵고 허전할 때는 내 삶의 목적이 무엇인가를 떠올려 음미해 보는 것이 답이다. 지혜다. 희망이다. 행복이다. 생명을 지켜주는 담보다.

목적과 목표

　　　　　　　일상에서 겪는 불협화음과 어려움 중에는
그것의 목적과 목표를 구분하지 못하고 혼동해서 비롯된 경우가
의외로 많다. 그러므로 목적과 목표를 구분하는 것만으로도 삶에
서 겪는 내외적인 갈등은 저절로 해결된다. 또한, 정체성의 혼란
으로 야기된 인생 전반의 문제점이나 의구심도 한순간에 벗어날
수가 있다.

　박세리는 LPGA 투어 12년간 25회 우승을 한 진정한 골프 챔피
언이다. 그가 인터뷰에서 이런 말을 했다. "마치 내 인생의 모든
게 골프에 담긴 것처럼 살았는데, 골프가 내 인생의 전부는 아니
었던 거죠." 그는 이것을 인생의 깨달음이라고 했다. 깨달음은 슬
럼프가 가져다준 선물이라고 표현했다.

　박세리는 어릴 적부터 골프에 두각을 나타낸 천재가 아니다. 승
부사의 기질에 의해 다듬어진 챔피언이다. 어찌 보면 챔피언은
아버지와의 합작품이라고 해도 과언이 아니다. 골프의 불모지와

　　　　　　　철부지의 삶, 개똥철학이 있어 좋다

다름없는 작은 나라의 선수가 세계적인 프로골퍼들 속에서 두각을 나타낸다는 것은 거의 불가능에 가깝다. 기어코 챔피언의 자리에 오르고야 말겠다는 목표 아래 피눈물 나는 노력이 있었기에 가능했던 일이다.

둘은 골프 챔피언이라는 목표를 세웠다. 목표를 향한 집념은 모든 일상을 뒤로한 채 골프밖에 모르도록 강요되었다. 그것은 후일 그가 '골프가 인생의 전부가 되면 안 된다는 것을 깨달았다.'라고 표현한 것만 봐도 알 수가 있다. 목표를 향한 여정에서 여러 작은 목표가 달성될 때마다 흥분과 쾌감을 맛보았을 것이다. 그걸 행복이라고 규정해 가며.

그는 국내의 크고 작은 우승 트로피를 들어 올렸다. 그럴 때마다 달성해야 할 무수히 많은 세계챔피언이라는 목표가 있었기에 골프에 온 힘을 다했다. 골프를 위해 태어난 박세리가 되어서. 드디어 챔피언의 자리에 올라 우승 트로피를 거머쥐었다. 그는 계속해서 산악인이 히말라야 최고봉을 정복하듯이 세계 유수의 골프 그랑프리를 접수해 간다. 그러다 맞은 슬럼프, 그는 목표 달성만을 위해 살아온 자신을 보게 된다.

'아! 박세리가 골프를 위해 세상에 태어난 것이 아니잖아.' 이런 기분이었을 것이다. 어찌 보면 생에서 처음으로 태어남과 살아야 하는 목적이 있음을 자각하게 된 것인지도 모른다. 한동안은 정체성의 혼란으로 심한 가슴앓이에 시달려야 했을 것이 분명하다.

그는 외국 선수들이 "나는 골프 선수이고, 골프가 내 생업이지만, 이게 내 인생의 전부는 아니라는 걸 안다."라고 말하는 걸 전혀 이해하지 못했다고 한다. 이렇게 말하는 외국 선수는 삶이 추구하는 목적에 대해서 의식하고 있었다는 이야기가 된다. 그들에게 있어 챔피언은 단지 목적을 향하여 달성할 목표 중 하나쯤이었을 것이다. 그러니 골프를 즐기면서 했을 것이 분명하다.

이에 반해 박세리는 골프가 인생의 전부였다. 삶의 목적이 최고의 프로골퍼가 되는 것이었다는 이야기다. 그러니 여러 대회를 석권한 후의 슬럼프는 그에게 있어 골프에 대한 의미를 상실하게 했다. 골프가 삶의 목적인 그에게 골프에 대한 의미의 상실은 어쩌면 좌표를 놓친 항해사의 심정이었을 지도 모른다.

이 경우 단지 골프가 삶이 추구하는 목적을 위한 단순한 목표의 일부라는 사실을 인지했더라면 하는 아쉬움이 든다. 만약 그랬더라면 박세리는 슬럼프를 쉽게 극복하였을 뿐만이 아니라 프로골퍼로서의 은퇴 시기도 훨씬 늦춰졌을 가능성이 크다.

박세리에게 있어 삶의 목적은 '성숙한 인간으로 행복하게 사는 것'이어야 했다. 아울러 골프는 삶의 목적을 추구하는 데 있어, 과정의 일부인 단순한 목표에 불과할 뿐이어야 했다. 그런데 목적은 도외시한 채 단순히 목표에 불과한 골프를 삶의 목적으로 인식하는 너무나도 큰 실수를 한 것이라 볼 수 있다. 그러나 다행히도 늦게나마 이를 인식하게 된 것은 어쩌면 그에게 있어 인생 최고의 선물이 아닐까 한다. 이런 과정을 거치고 그는 선수 생활을 마감하였다. 은퇴 후 그는 국가대표 감독과 연예계 활동 등 개성 있는 삶을 살고 있다. 골프 챔피언 박세리의 이런 모습에서 '삶의 목적'을 깨달은 사람만이 가지는 내공이 풍겨오는 느낌이 들어 흐뭇하다.

운동선수, 연예인, 평생을 한 회사에 몸담은 직장인 등의 경우, 자칫 목표를 삶의 목적인 양 여겨 난망한 지경에 처하게 될 개연성이 상대적으로 높은 편이다.

유명인들의 일탈과 허망한 사연이 보도되는 걸 보면 안타깝다. 지인 중에도 평생을 한 직장에 몸담고 있다가 퇴직한 후, 허탈감 내지는 상실감을 못 이겨 잘못된 선택을 한 사례가 있다. 고지식하게 몸담은 회사를 자신인 양 착각한 결과다.

이런 사례는 이름 있는 대기업의 직원일수록 그 확률이 높다. 자칫 일류라고 하는 대학과 국내 유수 기업이라고 일컫는 회사에 다닌 속칭 엘리트 코스를 거친 사람들이 이 부류에 합류할 가능성이 크다. 결코, 머물렀던 조직이나 회사가 자신의 전부가 될 수는 없다. 그것은 참으로 어리석기가 그지없는 생각이다.

가정으로 눈을 돌려 보면 목적과 목표를 혼동해서 우왕좌왕하는 모습을 더욱더 쉽게 발견할 수가 있다. 가족 간에 특히 부모와 아이들이 겪는 갈등을 살펴보면, 목적은 없고, 달성하고자 하는 목표만을 쫓았기에 일어난 것임이 금방 드러난다. 또한, 갈등 해결의 실마리도 쉽게 찾을 수가 있다. 부모와 아이들의 불협화음은 대개 학업성적과 관련된 것들이기에 그렇다.

외둥이인 딸아이의 초등학교 2~3학년 무렵부터 아이와 줄다리기 아닌 줄다리기를 했던 기억들이 선명하다. 참 어리석은 엄마와 아빠로서 준비 안 된 부모의 전형적인 모습이었다. 욕심껏 아이를 키워보겠다는 허세만 있었지 싶다. 아이를 통해서 성장하고 어른이 되어 간다는 걸 미처 몰랐었다. 잘하는 것은 성에 차지 않왔고, 못 미치는 점수에는 예민했다.

아이는 물론이거니와 우리 부부도 가장 즐겁고 복에 겨운 시간이어야 했다. 그러나 미처 깨닫지 못한 미성숙함은 그러한 시간을 그저 헛되이 날려버려야만 했었다. 되돌아보면 모든 것이 못내 아쉽기만 하다.

목적은 없고 어설픈 목표에 매달리느라 안간힘을 썼다는 표현이 맞을 것 같다. 피아노, 미술, 수학, 영어 등 닥치는 대로 주입만 하면 되는 줄 알았다. 허둥지둥, 우왕좌왕, 갈팡질팡하는 사이 아이는 아이대로 아내와 나는 각자의 입장에서 힘겹기만 했다.

아이에게도 우리 부부에게도 가장 행복하기만 해야 했던 시간이었지만 그러질 못했다. 다시는 오지 않을 시간을 헛되이 보낸 연유는 무엇일까? 이것 또한 목표를 목적으로 착각한 것이 그 원인이었을 것이 분명하다. 여기에 남보다 더 돋보여 보겠다는 얄팍한 욕심이 더해졌을 일이다.

아이의 좌충우돌과 미숙한 걸음마에 눈높이를 맞추고 응원을 보내는 기쁨과 행복을 알았어야 했다. 아이는 그런 부모의 모습에 온전히 의지하고 기대며 행복했을 것이다. 그런 행복 속에서 아이는 싹 틔우고 싶었던 내면의 기질을 드러냈을 것이다. 그러나 아쉽게도 점수화된 비교검증의 대상으로만 몰아댔으니, 내면의 기질은 못내 싹 틔우길 포기하고 주저앉았을 것이다.

가정을 꾸리는 목적은 너무나도 분명하다. 행복하게 살기 위함이다. 그렇다면 행복을 해치거나 위협하는 목표 따위는 거부하거나 물리쳐야 마땅하다. 그런데 정작 많은 사람은 이와는 정반대의 행동으로 일관한다. 위협요인을 기회라고 생각하여 집착하는 경향이 많다.

집착하고 있는 우수한 성적, 뛰어난 재능, 좋은 대학, 촉망받는 직업, 부의 축적 등이 행복을 위협하는 거부되거나 물리쳐야 하는 대표적인 목표라는 사실을 모르고 있다. 오늘 행복하지 않은 사람이 내일 행복할 확률보다는, 오늘 행복한 사람이 내일도 행복할 확률이 높다는 사실을 명심해야 한다. 행복한 아이라야 성적이 좋다. 재능을 발휘한다. 행복한 가정의 가장은 직장에서도 행복하게 능력을 발휘한다.

목적은 이루고자 하는 궁극의 것이고, 목표는 그 목적을 이루기 위해 행하는 다수의 세부적이고 구체적 행동이다. 목적이 없거나 목적을 벗어난 목표는 아무런 의미가 없다. 수단과 방법을 가리지 않고 달성하려는 목표에도 그 의도된 목적이 분명하게 있다. 그러므로 목적을 훼손하는 목표는 아무런 가치가 없다. 쓰레기에 불과하다. 그런 목표는 달성하지 않는 것이 현명하다. 그것이 명예든, 돈이든, 자존심이든 그 어떤 가치 있는 것이라도 말이다.

왜 또 그래!

　　본인은 호의를 베푼다고 한 언행이 자칫 상대방을 힘들게 하거나 심한 경우 삶을 포기하는 빌미를 제공하게도 한다. 특히 부모와 자식, 부부, 형제자매 등 가까운 사이일수록 그럴 가능성이 크다. 더욱이 앞뒤 전후를 살피지 않은 맹목적인 돌직구는 치명적인 상처를 낸다. 또한, 대수롭지 않게 던지는 반복적인 잔소리는 아물어야 할 상처를 자꾸 덧나게 한다. 그러므로 가까운 사이일수록 언행에 신중할 필요가 있다. 더욱이 잔소리는 되도록 삼가는 것이 서로를 위해서 좋다. 왜냐하면, "가랑비에 옷 젖는다."라는 속담처럼 자신도 모르게 내뱉은 습관적인 언사로 인해 상대방은 점점 허물어져 가고 있을지도 모르기 때문이다.

　　결혼하여 어린 손녀까지 둔 딸이 우울증을 앓고 있는데 그 증상이 점점 심해져서 걱정하는 엄마가 있다. 딸네 집의 저간 사정을 속속들이 말하는 투로 봐서는 적잖이 딸의 집안 살림살이에 관여

　　　　　　　　　　철부지의 삶, 개똥철학이 있어 좋다

하고 있음이 엿보였다.

털어놓은 사정으로 봐서는 조금은 심각한 지경임이 분명해 보인다. 속을 어지간히 끓였는지 말하는 동안 서너 차례나 울먹이기도 했다. 딸은 남편의 뒷바라지는 물론 어린 손녀를 돌보는 것도 손을 놓은 상태라고 했다. 자포자기한 채 완전히 무기력한 상태에 놓인 딸이 도무지 이해되질 않는다고 했다.

딸은 귀여움을 받고 자랐고, 대학 생활도 활발해 친구들도 많았다. 졸업 후 직장생활도 무난했고 사위도 나무랄 데가 없는 성격이다. 다만 한 가지, 결혼이 좀 빨랐던 것이 맘에 들지 않았다. 사회생활을 시작한 지 채 1년도 되지 않아 결혼한다고 해서 걱정을 많이 했다. 자기 앞가림도 못하는 철부지라서 서툰 살림살이가 불을 보듯 뻔해 보였기 때문이다.

걱정이 앞서 도와줄 심산으로 가까운 곳에 신혼집을 마련케 하였고 수시로 드나들었다. 사위한테 흠이 잡히지 않게 하려고 살림을 도맡아 챙겼다. 그러나 그렇게 거들어 챙겨 줬는데도 불구하고 서툰 딸아이의 살림 솜씨는 나아지질 않았고 손녀가 태어났다. 그러니 살림살이 도우랴, 아이 돌보랴, 점점 일이 많아졌다. 엄마로서 고군분투하며 도와준다고 도와주었건만 딸은 점점 무기력해졌고 급기야 살림살이에서 손을 놓는 지경에 이르렀다. 이런 지경은 꽤 오래 지속되었다. 사위는 사위대로 지쳐갔고 어린 손녀도 안쓰럽기만 했다. 이러니 당연히 엄마로서 딸의 태도가 못마땅하여 한동안 발길을 끊은 적도 여러 번 있다. 한참 후에서야 딸의 우울증이 심각하다는 걸 알았다. 삶을 포기할는지도 모를 정도라는 사실을 접하게 된다.

도대체 어떻게 된 것일까? 엄마로서는 이해가 되질 않는 모양새다. 단칸방에서 시작한 본인의 결혼생활과 비교하면 뭐 하나 부족함이 없는 여건이다. 자랑하길 좋아하고 체면을 중시하는 본인의 성격 탓에 드러내어 조언을 구하지도 못하겠고, 짧은 상식으로는 이 난국을 수습하기가 난망할 뿐이다.

딸의 속마음을 알아야 어찌 해보련만 대화조차 하길 싫어한다. "그래! 네 인생이니 네 마음대로 해라." 안 보는 것이 상책이란 생각에 관여하지 않겠다고 다짐한다. 냉정해 보자는 마음을 가져본다. 하지만 부모 마음에서 이대로 놔두자니 어린 손녀가 안쓰럽고 사위한테 민망하여 가만히 있을 수가 없다.

안쓰럽고 좋은 마음에 갔다가도 불쑥불쑥 잔소리가 튀어나온다. "이러려고 그렇게 빨리 결혼했느냐?"부터 그간 못마땅했던 것과 딸에게 쏟았던 정성에 비해 돌아온 결과에 대한 원망을 모조리 토해낸다. 딸의 상태를 봐서는 이래서는 안 되는 줄 알면서도 꾹꾹 눌렀던 감정이 폭발하곤 한다. 이러는 자신이 밉기도 하고 정신을 못 차리는 딸이 원망스럽기까지 하다. 그러나 한편으로는 문득 딸을 잃을 수도 있겠다는 생각이 들기도 한다.

엄마의 심정에서야 당연히 딸이 무탈하게 가정을 꾸려가길 원했을 터이다. 이혼하는 신혼부부도 많고 갈등을 겪는 모습들을 수시로 접하다 보니, 걱정되는 것은 당연하다. 그러니 좀 거들어 주면 더 좋지 않을까 하는 생각에 멀리 두고 보지를 못하고 챙겼을 것이다. 그러나 이런 상황이고 보니, 더는 거들어 주고 싶지 않다. 그렇다고 지금에 와서 발길을 끊고 강 건너 불을 보듯 할 수는 없는 노릇이다.

엄마가 해야 할 방법을 제시해 본다. 지금의 상황을 봐서는 거들어 주는 것이 맞다. 하지만 여태까지 해 오던 방식을 바꿀 필요가 있다. 그것은 도와는 주되 우렁이 각시처럼 묵묵히 한 바 없이 도와주는 것이다. 묵묵히 하라는 말은 강력한 묵언 실천을 의미한다. 잔소리하고 싶은 경우 주문 하나를 만들고 이를 마음속으로 외쳐야 한다.

'왜 또 그래?' 주문 정도면 적당하다. 주문을 중얼거리는 순간 잔소리를 하고 싶은 마음이 멈추게 된다. 처음엔 힘들겠지만, 점점 익숙해진다. 익숙해진다는 말은 내면이 성숙해져 감을 의미한다. 내면의 성숙은 자기라는 아집이 벗겨지는 과정이다. 엄마라는 굴레에서 벗어나 어른으로 익어가는 걸 확인할 것이다. 이렇게 삶이 익어가는 과정에서야 비로소 딸이 겪었을 상황이 제대로 인식이 되기 시작한다.

어린 딸은 어려움 없는 집안 형편과 속속들이 챙겨 주는 엄마 덕분에 삶에서 우여곡절을 겪어 본 적이 없다. 학교에 다닌 것 말고는 경험한 것이 별로 없다. 제대로 집안일을 거들어 본 적도 없다. 어려움이 있어 주도적으로 헤쳐 나가 본 적은 고사하고 무슨 일이 있으면 투정만 부린 어린애였다. 결혼하면 사랑받으면서 부모의 그늘을 벗어나 마음대로 편안할 줄만 알았다. 흥분과 환상으로 설레는 마음을 안고 결혼을 결심했다.

일방적으로 생각했던 결혼의 환상이 실체를 드러내는 시간은 그리 길지가 않다. 남편은 결코 내가 부리던 부모라고 불리는 1등급 도우미가 아니다. 가정을 꾸린다는 것은 내가 도우미를 자청하는 일이다. 더군다나 아이라도 태어난다면 완전한 1등급 도우미가 되어야 한다. 그러니 한순간에 신분이 뒤바뀐 상태를 받아들이고 추스르는 데는 상당한 기다림이 있어야 한다. 그런데 마음이 급한 엄마는 기다림을 생략한 채 자기와 같은 반열에 도달하지 못하는 딸을 닦달하며 몰아붙였다. 그렇지 않아도 무너지고 싶은 상태였다. 그런 딸로서는 애착 관계가 돈독한 엄마의 잔소리는 핵폭탄급의 충격일 수밖에 없다. 기대고 투정하고 하소연하고픈 언덕이 사라진 것이니 당연하다.

'왜 또 그래?' 주문으로 엄마는 정신을 차린다. 자신의 경솔한 행동이 불러온 결과를 인정하고 반성했다. 예쁜 딸이 회복하길 바라는 간절한 기도와 함께 묵묵히 거들어 주었다. 말없이 마음으로 안아 주고 보듬어 주었다. 그렇게 몇 달 후, '왜 또 그래?' 주문을 외며 실천한 묵언 수행의 결과는 기적처럼 딸을 회복시켰다. 투정도 부리고 어리광도 부렸다. 언덕에 기대어 일어서려 노력해 줬다. 간단한 주문, '왜 또 그래?'는 엄마를 어른으로, 딸을 엄마로 훌쩍 성장하게 했다.

'왜 또 그래?' 단순한 주문 같지만 어쩌면 인생의 귀중한 전환점이 될 수도 있는 마법의 주문이다. 이 주문은 정신을 차리게 하는 휘슬이다. 정신을 차린다는 것은 캄캄한 자기의 마음에서 빠져나오는 것을 의미한다. 주문은 자신의 마음으로 들어가는 걸 경고하고 막아낸다. 그러므로 마음공부의 첫걸음이라고 할

철부지의 삶, 개똥철학이 있어 좋다

수가 있다.

자신의 마음이 귀신 소굴이라는 걸 인정하는 것에서 마음공부는 시작된다. 그러나 자존심으로 똘똘 뭉쳐진 마음에서 이를 인정하기란 여간 어려운 일이 아니다. 잘난 사람일수록, 가진 것이 많은 사람일수록, 배움이 많은 사람일수록, 갑의 위치에 있는 사람일수록 더 어렵다. 이들은 속칭 마음의 부자인 것이다. 그래서 '부자가 천국에 가는 것은 낙타가 바늘구멍에 들어가기보다 어렵다.'라고 했다.

사람들은 자기 마음에서 생각하고, 판단하고, 언행 한다. 전혀 객관적이지 않은 잣대로 세상을 심판하려 든다. 마치 자기가 하나님 부처님인 양 망나니 칼을 휘둘러 대는 것을 서슴없이 자행한다. 이때 정신을 차리지 않으면 상대방은 물론 자기 자신도 망나니의 칼에 잘려 나갈지도 모른다. 정신을 차리려야 하는 이유다.

"왜 또 그래?"도 좋고, "앗!"도 좋고, "미안해."와 "사랑해."도 좋다. "미친놈!"도 좋고, "바보야!"도 좋고, 괴성을 질러도 좋다. 자기만의 마법의 주문을 하나쯤 만들어 사용하는 것을 강력하게 추천한다.

아! 오늘도 난, 수도 없이 속으로 '너, 왜 또 그래!'를 외치며 하루를 보냈다. 이런 날의 잠자리는 왠지, 더없이 뿌듯하고 행복하다.

목적을 인식하는 것

목적을 인식하는 아주 단순하고 간단한 습관만으로도 일상에서 겪는 대부분 갈등은 저절로 해결된다. 이 방법은 멈춤과 바라봄이 가져다주는 아주 간단한 깨달음의 공부로써 삶 전체를 리모델링할 기회가 될 수도 있다.

상대와의 갈등이 고조되는 순간을 보면 목적은 온데간데없고 머리끝까지 치밀어 오른 주체 못 하는 화만 남아서 미쳐 날뛰고 있는 상황이 연출된다. 이런 모습은 의도된 것이 아니다. 내재된 마음의 앙금이 스파크가 되어 순간적으로 불을 지피는 역할을 하므로 일어나게 된 것이다.

벌어진 상황처럼, 원하던 방향이 아닌 쪽으로 전개된다는 것이 예견되었더라면 애초부터 시작하지 않았을 터이다. 그러나 어쩌랴 엎질러진 물인 것을. 늦었더라도 수습하는 것이 지혜로운 모습이다. 이런 모습이 시도 때도 없이 전개되고 있는 것이 우리의 일상이다. 그러나 사소한 스트레스도 쌓이게 되면 우울증이니 공황장애니 하는 곤란한 지경에 처하게 된다. 그러므로 목적을 인식하는 작은 실천은 어쩌면 삶의 질을 향상시키는 활력소가 되기에 충분하다.

부부싸움은 칼로 물 베기라고들 한다. 그만큼 아주 사소하고 별일이 아닌 것에서 시초하는 갈등이기에 그렇다고 할 수 있다. 더군다나 혼인 관계를 유지하기가 불가능할 정도의 결격사유가 아닌 한, 부부 사이의 갈등은 대부분 대화를 통해서 풀어낼 수 있는 것들이다. 그러나 곰삭아 무르익지 않은 부부의 경우 잦은 갈등으로 인해 가정의 행복을 이루지 못하는 경우가 일어난다.

부부의 갈등 표출은 상대방의 잘못된 행동과 의사결정으로 가정의 행복이 위협받을 상황에서 이를 방어하고자 할 때 일어난다. 그러니 갈등 표출의 목적은 가정의 행복을 지키고자 하는 것에 기인한다. 그러나 아쉽게도 부부싸움이 격해지면 목적은 고사하고 서로의 감정을 드러내는 것에 혈안이 되기에 십상이다. 실속이라곤 찾아보기 힘든 정말로 유치하기 짝이 없는 소모전을 벌이기에 급급하다.

이 경우 어느 한 사람이라도 정신을 차려야 한다. 왜 우리 부부가 이리 언성을 높여가며 갈등을 빚고 있는지를 알아채는 것이 중요하다. 가정의 행복을 지키고자 했던 목적을 인식하는 순간, 표출되었던 감정들은 설 곳을 잃게 된다. 언성은 잦아들고 벌이고 있는 무의미한 소모전은 부끄러워진다. 이것이 이성을 되찾은 어른의 모습이다.

부모라는 명분으로 아이를 훈계하게 된다. 아이가 고분고분할 때는 문제가 없다. 확고한 갑의 위치가 정상적으로 작용하니 당연하다. 그러나 아이가 질풍노도의 사춘기에 접어들 즈음이면 궤도가 이탈되는 조짐이 나타난다. 자칫하다간 충돌의 양상으로 치닫게 된다. 이 경우 예외 없이 갑의 위치를 이용한 윽박지름이나 몰아붙이기가 다반사다.

아이를 혼내는 이유는 아이와 함께 행복해지려는 목적의 발로다. 아이를 의도적으로 괴롭히거나 서로 반목하며 불행해지려고 아이를 닦달하는 부모는 아무도 없다. 그런데도 아이와의 충돌이 격해져서 감정이 폭발하는 순간, 의도된 목적은 까마득하게 잊어버리기 일쑤다. 그동안 꾹꾹 누르며 참고 있었던 것들을 끄집어내길 서슴지 않는다. 마찬가지로 아이는 아이대로 그간 쌓였던 것들을 주저 없이 토해낸다.

이때 빛을 발하는 그 무엇이 있으니, 그것은 바로 '목적인식'이다. 지금, 이 순간 내가 왜 이러고 있는지를 알아채는 일은 부모와 어른의 덕목이다. 아이를 잡으려고, 이겨 먹으려고, 괴롭히려고 한 행동이 아니라는 것이 명확하니, 서둘러 수습에 나서야 한다. 아이와 더불어 행복해야 한다는 것에 집중해야 한다. 그렇지 않고 목적한 바를 망각한 채 자신의 화를 푸는 것에만 집중했다가는 아이와의 관계는 회복할 수 없는 지경으로 치닫게 될 수도 있다. 아이는 절대로 부모의 화풀이 대상이나 갑질의 희생양이 아님을 알아야 한다.

일상에서도 크고 작은 불협화음이 끊이지 않는 것이 우리의 삶이다. 이를 완벽하게 벗어나서 산다는 것은 불가능하다. 동료 직원과의 사이에, 형제지간에, 친구들과의 사이에, 고객들과의 관계에서 크고 작은 시비는 있게 마련이다. 이러한 상황에서도 목적을 인식하는 방법은 아주 요긴하게 작용한다.

누구나 시시비비의 상황에서 자기 화를 못 견뎌 일을 그르치고 이를 수습하느라 애를 먹었던 경험이 있다. 이 경우에도 평소 목적을 인식하는 방법을 알고 있었더라면 겪지 않아도 될 일이다. 아주 작은 불씨가 큰불로 번지는 것이다. 괜한 고집으로 치르지 않을 일을 치르는 것이 우리 모두의 모습이다.

목적을 인식하는 방법은 성숙한 어른이라면 한 번쯤 실천해 볼 만한 지혜다. 상황에 반응하는 자신의 모습을 놓치지 않고 주시함은 물론, 왜 이런 상황이 벌어졌고, 이를 통해 해결하고자 하였던 것이 무엇이었는지를 명확하게 하는 것 매우 중요하다.

인생에서도 목적을 인식하는 것은 매우 중요하다. 인생의 항로는 항상 초행길의 연속이다. 익숙한 길도 자칫 한 눈을 팔면 차선을 이탈하여 전도되거나 충돌사고를 유발한다. 하물며 초행길은 더 말할 것이 없다. 정신을 똑바로 차리고 운행할 필요가 있다.

정신을 차린다는 의미는 의식을 지금 여기에 머물게 함을 일컫는다. 만상 만물은 항상 지금 여기에 존재하는 것이 이치다. 그러나 아쉽게도 인간은 이런 이치를 벗어나서 산다. 대개 지금 여기에 있지 못하고 자기의 마음속을 헤맨다. 마음속에서 지나간 일을 끄집어내어 지지고 볶으며 상대를 쥐락펴락하고 있다. 이런 형국을 일컬어 귀신놀음이니, 귀신에 씌었느니, 망상이니, 귀신 씨 나락 까먹는다고들 표현한다. 이런 상황은 사는 게 사는 게 아니다. 이런 삶은 아무리 애쓰고 살아도 남는 것이 없다. 허망함과 허탈함만 남을 가능성이 크다. 그러므로 항상 지금 여기에 머물고자 하는 각성의 의식이 필요하다.

인생의 항로에는 차선을 이탈하게 하는 온갖 달콤한 유혹이 도사리고 있다. 돈, 사랑, 명예, 사랑, 자존심, 욕망, 쾌락, 건강 등 유혹의 조건은 이루 말할 수 없이 많다. 따라서 이런 것에 붙들려 살다 보면 정작 태어난 목적 따위는 설 자리가 없게 된다. 설령 인생의 목적을 향한 분발심이 생겼다고 한들, 호시탐탐 이탈을 부추기는 유혹의 손길은 여전한 것이 현실이다. 이러한 상황에서 유혹의 손길은 물리치는 방법이 바로 '인생의 목적을 인식하는 것'이다.

진리의 길에 들어서는 것을 목적으로 한 삶이라면 더없이 좋겠다. 하지만 미진하더라도 진리를 향한 물음표 정도만이라도 가지는 삶이라면 괜찮다. 이러한 진리를 향한 삶의 목적은 모든 우여곡절을 이겨내는 기폭제가 된다.

세상에서 진리에 대적할 상대는 그 어떤 것도 존재하지 않는다. 진리를 향한 마음 하나만 있으면 그 어떤 난관이나 시련도 두려울 것이 없게 된다. 하나님 부처님이 내려 준 만능 철퇴를 장착한 것이라 할 수가 있다.

인생의 목적은 '진리의 길에 들어서는 삶'이어야 한다. 그리하면 삶의 길은 이제 더는 초행길이 아니다. 그 길은 하나님 부처님이 닦아 놓은 가드레일이 설치된 하이웨이나 마찬가지다. 그러니 제 아무리 달콤한 유혹의 손길일지라도 '인생의 목적을 인식하는 것'

만으로도 그것들은 단박에 제압될 수밖에 없다.

석양이 비치는 오후의 창가는 고즈넉하기만 하다. 제발 해가 지기 전, 많은 인연이 진리의 하이웨이에 들어서길 고대하며 겸허하게 두 손을 모아 본다.

목적의 품격

일에 있어서 목적이 가지는 의미는 크다. 목적한 바에 따라 결과는 물론 이를 바라보는 시각과 평가도 사뭇 다르게 매겨진다. 더군다나 요즘같이 일상이 훤하게 드러나는 세상에서는 더더욱 목적의 중요성이 도드라진다. 특히나 공적인 자리에 있거나 영위했던 사람들의 경우는 아주 확연하다. 그들이 남기는 언행의 발자취만 봐도 그가 가진 목적의 품격은 쉽게 파악이 된다.

사리사욕에 사로잡힌 사람에게는 졸렬함과 천박함이 묻어 있다. 반면에 자신을 내려놓고 비워 낸 사람에게서는 왠지 모를 여유와 자신감이 흘러나온다. 전자의 사람은 가식으로 포장된 자신을 내세우느라 정신이 없다. 후자의 사람은 투박하지만, 감칠맛 나는 내공이 자연스럽게 드러난다. 이런 차이가 나타나는 가장 큰 이유는 목적으로 삼은 것의 품격이 다르기에 그렇다.

목적은 진리에 대한 목마름이 간절할수록 품격이 돋보인다. 진

철부지의 삶, 개똥철학이 있어 좋다

리 추구를 전제로 한 품격이 높은 목적은 여타의 목적 모두를 아우른다. 난제는 난제가 아닌 것이 되고, 우여곡절은 우여곡절이 아닌 것이 되고, 슬픔과 역경도 슬픔과 역경이 아닌 것이 되고, 아픔도 아픔이 아닌 것이 된다. 왜냐하면, 이러한 여건과 조건들은 진리에 다다르게 하는 담금질과 사랑의 채찍이기에 그렇다. 그러므로 목적으로 삼을 바에는 진리에 바탕을 둔 목적을 세워야 마땅하다. 그러나 안타깝게도 목적이라고 해봐야 대개는 자신을 드러내거나 호의호식하려는 그것에 바탕을 두고 있다.

이런 옹졸하고 근시안적인 목적을 드러내는 부류는 아무래도 위정자 집단일 것이다. 그들은 얄팍한 사리사욕의 목적을 뒤에 감춘 채 선량인 척 국가와 국민의 안위만을 생각하겠노라는 목적을 내세운다. 그러나 그들이 뱉어내는 사탕발림의 언사는 가증스럽기가 그지없다. 나라를 맡길 재목은 고사하고 아이들이 보고 배울까 두렵기까지 하다. 그들이 드러낸 목적을 보면 진리는 고사하고 정치인으로서 일말의 철학은 있는 것인지 심히 의심스럽기가 짝이 없다. 우리는 언제쯤 네 편 내 편을 가르지 않고 품격이 있는 목적을 묵묵히 실천하는 진짜 정치인을 만나게 될는지…….

정치인 말고도 목적의 품격이 드러나는 곳은 부지기수다. 그중 중년층에서 꽤 인기 많은 '나는 자연인이다.'라는 TV 프로그램에서도 보면 목적의 품격이 그대로 드러나는 것을 볼 수가 있다.

펼쳐지는 그들의 삶을 보면 대부분 자신을 내려놓고 자연과 하나가 되어 살아가는 모습들이다. 그러나 개중에 주변의 약초와 나무를 채취하여 술을 담그고, 분재를 키우고, 조형물을 만드는 것을 꽤 자랑스럽게 내세우는 이도 있다. 이들은 이것들로 이익을 얻음이 분명하고, 자기의 허전함을 과시하는 것 같기도 하다. 들리는 이야기로 도시에서 들어온 한 사람의 탐욕으로 주변이 황폐해지는 경우가 꽤 있는 모양이다.

이런 모습은 다 내려놓지 못하고 예전의 탐욕을 드러내는 것을 목적으로 삼았음이 분명하다. 이 경우 자칫하다간 회복한 건강을 다시 잃을 수도 있다. 왜냐하면, 자연과 하나가 되어 풀렸던 긴장을 다시 옥죄기에 그렇다. 제발 자연이 되어 순리의 삶을 살겠다고 다짐한 품격 있는 목적을 놓치지 않았으면 좋겠다.

기업을 경영하는 사람들의 목적 인식도 중요하다. 부나 축적하고 대물림하려는 목적은 곤란하다. 이런 목적은 어쩌면 자신은 물론이거니와 자식들까지도 진리와는 거리가 먼 삶으로 내모는 결과를 가져온다. 이는 집안을 풍비박산 내는 것과 다를 바가 없다.

모쪼록 바람직한 경영인의 자세는 직원들과 어우러져 행복을 나누고 사업을 일구겠다는 목적, 자신의 역할이 다한 후에는 기꺼이 이익을 사회에 환원하여 이롭게 하겠다는 목적을 내세워야 한다. 이러한 경영인은 품격 있는 목적을 두었기에 반드시 사업에 성공할 것이며, 은퇴한 후의 삶 또한 행복할 수밖에 없을 것이 분명하다.

경영인의 목적한 바에 따라 기업은 부침할 것이다. 사리사욕에 얽매인 탐욕의 목적은 일시적으로 성공한 듯 보여도 내면은 사상누각일 것이다. 반면, 동반성장과 나눔에 목적을 둔 경우 승승장구 탄탄대로가 펼쳐질 것이며, 다소 어려움이 있더라도 이를 헤처 나가는 힘을 줄 것이다.

직장인의 자세도 품격 있는 목적이 매우 중요하다. 목적으로 인해 일터는 행복할 것이며, 보람이 있을 것이며, 활기찰 것이며, 성숙한 사람이 되는 배움의 장이 될 것이다. 반면, 자신의 연명만을 부지하려는 목적을 둔 경우는 이와는 반대의 결과를 낳을 것이다. 일터는 반복되는 일상에 불만이 팽배할 것이고, 퇴근 시간과 휴일만을 학수고대하는 평생 샐러리맨으로 전락할 가능성이 짙고, 월급 액수에 목매는 처량한 신세로 전락할 가능성이 크다. 그러므로 직장인의 목적 또한 진리에 다가가는 것을 우선하는 것이 현명하다.

모든 인간의 궁극적인 삶의 목적은 당연히 진리의 삶이다. 그것이 인간의 당연한 도리다. 직장인이라고 해서 예외일 수 없다는 것을 명심해야 한다. 사람은 먹기 위해 사는 것이 아니다. 살기 위해서 먹는 것이다. 그러기에 사는 것도 진리의 삶이어야 마땅하다. 그렇지 않으면 삶은 언제나 허망할 것이 확연하다. 이것을 아는 것이 번듯한 삶이고, 성공한 삶이다.

남다른 품격을 갖춘 목적은 무엇일까? 그것은 바로 삶 전체를 '정신 차리는 것'에서 벗어나지 않게 하겠다는 다짐이 담긴 목적이다. 즉 지지고 볶는 자기의 마음에서 벗어나 본성을 회복하고자 하는 것으로 삶의 방향이 정했음을 의미한다.

모든 만상과 만물은 하나의 마음과 하나의 공간에서 나왔다. 그러므로 자연의 마음과 자연의 몸으로 자연스럽게 사는 것이 당연하다. 그러나 인간만이 점점 더 자아로부터 멀어진 삶을 살아가고 있다. 당연하다는 듯 아무렇지도 않게 말이다. 이런 당연한 것에 의문과 의심을 하게 되어야 어른이라 할 수가 있다.

이렇듯 무릇 어른이라면 목적한 바가 조금은 남달라야 한다. 자기와 자기의 인연만을 챙기는 졸렬한 목적이 아니라, 본성을 회복한 삶을 살겠다는 남다른 목적을 가질 일이다. 이것만이 품격 있는 목적에 부합한다. 그렇지 않고서는 어쩌면 삶은 식탐을 채우는 가축의 신세만도 못한 지경인지도 모른다. 그러므로 품격 있는 목적을 품는 것은 인간과 가축의 경계를 구분 짓는 한계선이라 해도 과언이 아니다.

본성의 회복은 부처님 하나님의 마음과 궤를 같이하는 삶으로 전환됨을 의미한다. 마음의 전환은 흔히 말하는 거듭남이다. 자기의 마음을 하나도 남김없이 비워야 한다는 것을 전제하고 있다. 아집, 고집, 자존심, 삶의 흔적 등을 내세우며 사는 자기의 몸과 마음 일체를 고스란히 산제사 지내야 하는 일이다. 그렇지 않고 자연으로 돌아간다는 것은 어불성설이다. 오죽했으면 낙타다가 바늘구멍을 통과하기보다 어렵다고 했겠는가.

자유로운 영혼이 되고 싶은가? 자유로운 영혼이란 신의 자식으로 인정받았을 때라야 가능하다. 신이 자식으로 인정하는 기준은 하나다. 100% 당신과 같은 마음. 이것이 신이 바라는 자식의 도리이자 자격이다. 하여 자유로운 영혼이 되고 싶은 간절한 소망이 있거든, 진정으로 목적한 바가 무엇이었는지를 곰곰이 되새겨볼 일이다.

거둔 것의 크기

출근하려 세수한다. 거울을 보면서 머리 모양새를 갖춘다. 검은 머리카락보다 흰색 머리카락이 더 많다. 낯설다. 참 낯설다. 이 모양새를 보고 사람들은 나라고 한다. 나 또한 이를 내세우며 60여 년을 살았다. 이 나라고 하는 몸뚱이는 점점 더 낯설어질 것이다. 눈꼬리는 점점 더 처지고 있다. 세포가 변형된 검은 반점들은 그 세력을 지금까지와는 비교가 되지 않은 만큼 빠르게 확장하는 중이다. 이렇게 변형된 모양새는 맨 마지막까지 나로서 인정되어 남을 것이다.

이 모양을 잡으려고 인생을 출발한 것은 아닐 것이다. 그러나 안타깝게도 훈장처럼 종착점에서 받아 들 완주 메달은 이 모양이 꼴일 것이 확실하다. 이 또한 숨이 끊어진 순간부터 빠르게 부패하여 미생물들의 먹이가 된 후 흔적도 없이 사라질 것이다.

남음이 없는 삶이 분명해 보인다. 한편으론 곳간에 채워 놓은 것들을 열거하며 이것만이 아니라고 강변을 할 수도 있다. 낳고 키워낸 자식들, 부동산, 연금 통장, 일궈 놓은 가업, 장부상에 기록된 자산명세 등. 하지만 이런 것들은 더더욱 물거품처럼 사라진다. 움켜쥔 주먹에 기력이 다하는 순간, 그것들은 헐렁해진 손가락 사이를 비웃듯이 빠져나간다. 두 눈을 시퍼렇게 뜨고 도적질을 당하는 고통만을 남길 것이 불을 보듯 뻔하다.

안타깝게도 이런 결말은 우려가 아니라 자명한 사실이다. 그렇다면 과연 나는 이런 결말을 보려고 발버둥을 치며 살아온 것인가? 삶에 있어서 거둔다는 것은 어떤 의미가 있는 것일까? 60년을 살아온 지금, 나의 결과물은 무엇이며, 과연 그 결과물은 만족할 만한 것인가? 나는 무엇을 거두기 위해서 이렇게나 허둥대며 달려온 것일까?

나도 그렇지만 앞섰던 이들과 지금을 사는 모든 이들은 무엇을 거두려 했던 것이며, 거둔 것에 뜻과 의미는 찾은 것인지도 자못 궁금한 요즘이다.

곰곰이 더듬어 보면 살면서 거두는 것은 크게 두 갈래로 나뉘지 싶다. 하나는 물질과 위치(자리, 명예 등)이고, 또 하나는 자기의 마음 덩어리다.

어쩔 수 없는 속물인지라 평가, 과시, 체면을 세우는 것에 매달리기를 주저하지 않는 삶이었다. 대이동을 하는 누 떼처럼 나 또한 한 마리 누와 같이 살았다. 잠시 멈춰 서서 주변을 살펴보기만 해도 벼랑으로 떨어져 강물에 처박힌다는 것을 알았을 터이다. 그러나 대열의 이탈은 사회적인 이탈자로 낙인찍힌다는 두려움 내지는 소심함으로 멈춰 서기는커녕 되레 가속의 페달을 힘껏 밟

왔다. 그 결과 목구멍에 풀칠할 수 있었고 남들의 폐부를 찌르는 잔소리하는 역할에 몰두하는 자리에 머물기도 했다. 하지만 그것들은 내가 거두었노라고 세상에 펼칠 것들이 못 된다. 그것들의 면면을 들여다보면 그것은 거둔 것이 아니라 도망갈까 봐서 꽉 움켜쥐고 있는 것이고, 잠시 잠깐 머무는 것에 불과할 뿐이다. 그러니 이것들에 삶 전체를 쏟아붓는다거나 도취해서는 곤란한 것이었다.

그러면서 또 이러한 삶의 흔적들은 고스란히 나의 마음이 되었다. 경험과 추억과 고집과 아집과 알음알이와 틀이 되어 내 견고한 마음의 성을 쌓는 토대가 되었다. 이것이야말로 내가 거둔 것의 실체적 진실에 가깝다. 왜냐하면, 이것들은 목숨이 끊어지는 그 순간까지 나와 함께할 것들이기 때문이다.

나는 이것들을 끄집어내어 세상을 판단하고 평가할 것이다. '옳다.' 하고 '그르다.' 하며 심판자의 역할 놀음을 할 것이다. 기억을 더듬어 사람을 구별하고, 고집의 틀을 내세워 갈라치기하고, 경험을 들먹이며 시비·분별 할 것이 뻔하다. 이것들로 인하여 눈은 가졌으나 보지 못할 것이고, 귀는 열렸으나 듣지 못할 것이고, 가슴은 뛰고 있으나 인정은 메말라 버릴 것이다.

세상에서 가장 큰 것을 거둔 이가 있으니, 본성을 회복한 사람이다. 본성을 회복했다는 것은 자기의 마음을 포기하고 순리의 마음을 되찾은 걸 의미한다. 자기라고 믿었던 이름과 몸과 마음의 굴레를 벗어나, 자신의 본래 성품인 우주 대자연의 마음으로 거듭나서 진리와 하나가 된 것을 말한다. 세상에 우주 대자연의 마음보다 큰 존재는 없다. 게다가 영생불변의 존재 아닌가. 어디

감히 인간이 만든 것들과 비교가 된단 말인가?

인간이 소유했다고 해봐야 고작 100년 남짓의 시간이면 신기루처럼 사라질 것들이다. 이것들 움켜쥐길 목숨처럼 아끼고 매달렸다. 그런데도 이것들은 사상누각이라 곧 무너져 없어질 것들이다. 제아무리 발버둥을 쳐봐도 무용지물인 것이다. 평생을 바쳐 거둬들인 것이 고작 무용지물 사상누각이라니, 허망함에 몸부림을 칠 것이 확실하다.

반대로 거둔 것이 진리인 대우주의 자연마음인 경우 상황은 비교 불가다. 땅 쪼가리, 건물 나부랭이, 엽전 따위에 연연할 리가 만무하다. 변형된 모양새에 낯설어하지도 않을 것이다. 그렇다고 해서 죽음 앞에 흔들리거나 주눅이 들 아무런 이유도 없다. 언제나 여여하게 하나의 섭리로만 존재할 것이 분명하다.

자고로 인간의 남음이란 이와 같다고 하였음을 명심할 일이다. 안타까움에 몸부림치지 않으려거든, 허망함에 절규하지 않으려거든, 후회로 피눈물을 흘리지 않으려거든 정신을 차리려야 한다. 이것만이 길이요. 진리다.

철부지의 삶, 개똥철학이 있어 좋다

주인의 자격

바야흐로 AI의 시대다. 특히나 요즘 자동차는 더더욱 그렇다. 주인을 알아보니 기특하다. 녀석은 주인이 자신에게 접근하는 것을 알아채고는 사이드미러를 펼치고 깜빡이를 켜며 인사한다. 물건을 들고 서 있으면 트렁크를 열어 주기도 하니, 눈치도 보통이 아니다.

외출하려 주차장으로 내려갔다. 어쩐 일인지 잽싸게 반응할 녀석이 미동조차 없다. 혹시 내 차가 아닌가 하여 번호판을 확인했다. 틀림없이 내 로시난테(?)*가 맞다. 고장인가 하여 순간 당황했다. 머릿속이 복잡해지려 한다. 뭐야! 왜 그래? 짜증이 확 올라왔다.

잠시 정신을 차린 후에야 상황의 판단이 선다. 헉! 키(KEY)가 없다. 이리저리 주머니를 뒤져 본다. 당연히 없다. 어쩔 수 없다. 경솔함을 자책하며 뒤돌아설 수밖에.

---

* 　소설 '돈키호테'에 등장하는 돈키호테의 말 이름.

녀석은 주인 대접을 확실하게 한다. 빈틈이 없다. 그러나 한 가지, 주인의 자격을 엄격하게 따진다. 나는 이 순간 키가 없으니 주인이 아니다. 자격 미달이다.

삶을 돌아보게 된다. 주인의 자격을 갖추고 살았는지를 묻는다. 60년에 가까운 세월이 흘렀으니 적지 않은 세월임에는 틀림이 없다. 과연 그 시간 동안 진짜 주인으로 살았는지에 대한 답은 물음표다. 그나마 물음표임을 알았다는 것에 조금이나마 위안을 삼을 수가 있으려나.

조금만 정신을 차려 봐도 바로 알 수 있는 답이다. 살려고 먹는 것이지, 먹으려고 살지는 않는다. 먹으려고 세상에 나왔으면 사육되는 가축과 다를 바가 하나도 없으니, 당연하다.

하나님이 가축을 기르려 세상을 창조하시지는 않으셨을 것이다. 우주만물 자연을 창조하셨을 때는 당연히 순리의 삶을 살기를 바라고 하셨을 일이다. 또한, 깊숙한 곳에 행복을 숨겨 놓고 행복을 찾게 하셨을 리가 만무하다. 어찌 보면 행과 불행을 나누어 놓은 적이 없었거늘, 우매한 생각이 분별하는 착각에 빠졌는지도 모른다.

반추해 보면 어렵지 않게 결론에 다다른다. 탐(貪), 진(瞋), 치(痴)에서 한 치도 벗어나서 살지를 못한 부끄러운 삶이다. 항변할 것도 없는 결론이다. 생계유지를 위한 돈벌이에 매달린 시간, 화를 못 이겨 행동과 생각으로 남을 찌르며 보낸 일상들, 몸과 마음으로 즐기고 매달린 애욕들까지. 여지없이 가축의 삶이랄 수밖에 없다.

게다가 우매하기는 왜 그리 우매했는지. 젊음을 바쳐 고작 한다는 짓이 늙은 몸을 지키는 방편을 마련하는 일이었다. 앞서간 이들을 통하여 올바른 길이 아님을 무수히 보고 있으면서도 똑같은 전철을 밟아가고 있다. 안정된 그 무엇을 마련해 보겠다는 계획을 고집스럽게 붙들고 있다. 고삐에 꿰여 끌려가는 것도 아닌데, 벗어나지 못하는 것을 보면 참으로 알다가도 모를 일이다.

이 모든 삶은 내가 주인이라고, 주인의 자격을 갖추었노라고 주장을 펴면서 살아온 결과다. 그 결과가 이 모양, 이 꼴이다. 언젠가는 죽음이라는 덫에 걸려 생을 마감해야 한다는 결론을 붙들고 살면서도 이를 철저하게 외면하면서 말이다.

무한한 하나님의 마음을 닮아 태어났거늘, 자기라는 보잘것없는 몸뚱이에 갇혀 살고 있다. 그 속에는 채울 수 있는 것이 하나도 없다는 사실도 잘 안다. 그렇게 맛있게 먹은 산해진미 진수성찬도 하루만 지나면 오물로 취급되어 토해낼 수밖에 없다.

자격이 없으니 무한한 하나님의 마음에 들지 못했다는 사실을 이제야 조금은 알게 된다. '내 자동차'라는 물건도 자그마한 키를 갖추고 있어야 주인 대접을 해준다. 하물며 하나님의 우주선에 탑승하는 과정에 자격검정의 절차가 없을 리가 없다.

일신우일신(日新又日新). 방탕하게 60년 살았으니, 쉬이 변하기는 어려우리라. 하지만 해보려 한다. 답이 있으면 그 답을 따라야 하는 것쯤은 아는 나이가 되었으니 말이다.

주인 자격을 엄격하게 따지고 드는 나의 로시난테(?) 때문에 자칫, 무뎌지려 하던 나의 존재의 가치를 되돌아보게 되었다. 바야흐로 이제는 AI가 인간을 통제하는 시대인지도 모르겠다. 그런 인간이기를 거부한다면 생각을 다잡을 필요가 있지 싶다.

"지피지기면 백전백승"이다.

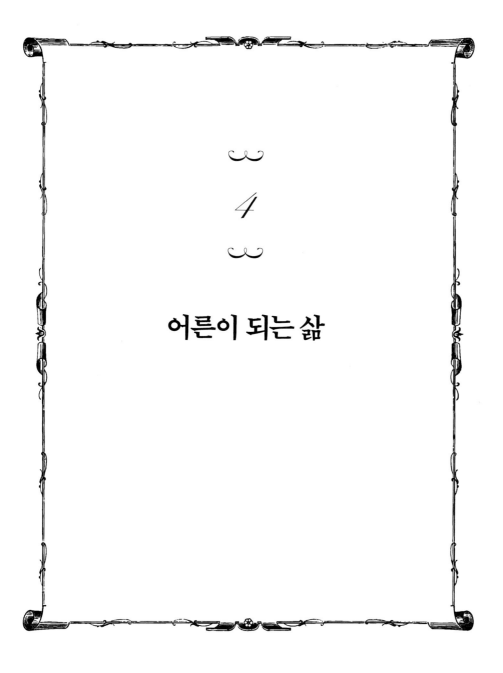

4

어른이 되는 삶

금강경

　　금강경은 석가모니 부처님의 가르침을 전하는 대표적인 불교 경전이다. 경전은 법회인유분 제일(法會因由分 第一)부터 응화비진분 제삼십이(應化非眞分 第三十二)까지 총 32개의 분으로 나누어져 있다. 제일분은 다음과 같다.

　"이와 같이 나는 들었다.
　　어느 때 부처님께서는 사위국 기수급고독원에서 비구들 천이백오십 명과 함께 계셨다. 그때 세존께서는 밥때가 되어 가사를 두르시고 바리때를 드시고 사위성으로 들어가시어 밥을 비셨는데, 그 성안에서 집집마다 차례차례 비시고는 계시던 곳으로 돌아오셔서 빌어서 온 밥을 잡수셨다. 그러고는 가사와 바리때를 거두시고 발을 씻으시고는 자리를 펴고 앉으셨다."

『선으로 읽는 금강경』, 김태완 저, 침묵의향기

　금강경의 첫 장은 언뜻 보기에는 별반 의미가 있을 만한 내용이랄 것이 없다. 따라서 제일분인 '법회인유분'은 대수롭지 않게 넘기기가 쉽다. 그러기에 이를 지나쳐 더 중요하고 깊이 있는 말씀이라고 생각되는 곳에만 집중하게 된다. 그러나 주옥같은 가르침을 전하고 있는 경전에서 왜 굳이 드러내지 않아도 되는 상황을 적어 놓았을 것인가를 한 번쯤은 생각해 볼 필요가 있다. 왜냐하면, 경전의 맨 첫머리에 아주 자세하게 상황을 정리하여 드러내었다는 것은 전하고자 하는 뜻이 분명하게 있기 때문이다.

수행이라고 하는 것이 뒤집기가 호박전 뒤집기보다 더 쉽다. 더군다나 자칫 내려놓고 낮춰야 하는 것이, 드러내고 높이는 꼴로 흐르기도 십상이다. 게다가 스승의 반열에 오른 경우라면 더더욱 그러하다.

수행은 처절한 자기 부정과 비움에서 출발한다. 특히나 부처의 자리는 '나'의 존재를 하나도 남김없이 비워냈을 때만 접할 수 있는 자리다. 그러므로 그 자리의 문턱에 다다랐다 할지라도 실낱만큼이라도 '나'를 붙들고 있는 경우에는 여지없이 무너져 내릴 수밖에 없다. 이런 예는 무수히 많다. 종파를 내세우고 선지식을 뽐내다가 망가져 사회적인 물의를 일으킨 경우가 허다한 것을 보면 더더욱 그렇다.

금강경의 '법회인유분'은 깨달음의 자리가 형상에 있지 않다는 것을 몸소 실천해 주고자 함이 분명하다. 형상이란 깨달아서 얻고자 하는 편안함, 깨끗함, 고상함, 위대함, 영예로움 등이다. 깨달음은 이러한 형상에 대한 허황함을 내동댕이치는 것에서 출발한다.

시작에서 오류가 있으면 나머지는 아무런 소용이 없다. 그런 면에서 보면 '법회인유분'은 부처님의 잔소리라고 할 수가 있다. 그러므로 금강경 첫머리의 잔소리는 깨달음의 진수 중의 진수라고 해도 과언이 아니다.

살펴보자. 법회의 규모가 작지 않다. 무려 천이백오십 명이나 되는 대중이 모인 법회다. 그것도 그저 그런 대중이 모인 집회가 아니다. 나를 내려놓으려 몸부림을 치고 있는 비구**들이 모였다.

지금처럼 대중교통이 발달했을 리가 없는 시절이다. 갖은 고생을 마다하고 두 발에 의지하여 수일에 걸쳐 도착했을 터이다. 분발심이 아니면 엄두도 내기 힘든 고행길이다. 이런 수행자들이니 신심이야 두말할 필요가 없다. 팔다리라도 내놓으라면 내놓을 준비가 된 사람들이다.

빈손으로 왔을 리도 만무하다. 부처님께 올리고자 비단 의복과 산해진미를 바리바리 준비하고 왔음이 분명하다. 그러나 석가모니는 손수 밥을 빌어 식사하는 것을 당연하게 실천하고 있다. 물론 걸친 의복도 남루한 거지 행색임이 분명하다. 또한, 구걸의 대상을 어느 특정한 집에 국한하지 않았다. 빈부와 가세의 구분 없이 차례대로 빌었다. 신심이 있어 환대하거나 불신으로 문전박대하거나 구별하지 않았다.

가사와 바리때를 거두시었다 함은 의복을 손수 간수했음은 물론이거니와 드신 바리때를 직접 씻어 정리했다는 말이다. 부처라는 특별대접을 경계했음이 분명하다. 게다가 발을 씻으신 것으로

** 출가하여 구족계를 받은 남자 승려.

봐서는 부처님은 맨발의 성자였다.

금강경 제일분에는 우리가 그려온 부처님의 모습은 그 어디에도 존재하지 않는다. 금빛 찬란한 가사 장삼을 걸치고, 만인의 떠받침을 받으며, 우러름을 받는 부처님은 없다. 다만, 낡은 옷에 맨발의 꼴로 바리때를 들고 문전박대를 받으며 구걸하는 비렁뱅이만이 있을 뿐이다.

석가모니 부처님이라고 해서 사위국의 모든 이가 우러르고 따른 것이 아니다. 현재도 마찬가지이기는 하지만 당시에도 부처를 믿는 사람보다는 믿지 않는 사람이 훨씬 더 많았다. 어쩌면 사위국 사람들에게는 외곽지 기수급고독원에 모인 사람들은 이상한 집단들이다. 그러므로 석가모니 또한 그 집단의 우두머리일 수밖에 없다. 그러니 문전박대와 멸시는 당연하다. 그래도 부처님은 온갖 산해진미와 떠받듦을 물리고, 맨발의 거지꼴로 찌그러진 바리때를 들고 끼니를 구걸했다. 왜 군이 이런 수모와 문전박대를 자처한 것일까?

그것은 이보다 더 나은 법문과 깨달음의 방법은 없기 때문이다. 모든 걸 내려놓고 진리를 향하고 있는 비구도 형상을 짓는 한, 눈을 뜬 봉사가 되는 것이 깨달음의 길이다.

그물에 걸리지 않는 물같이, 구름에 갇히지 않는 바람같이, 걸림이 없어야 진리의 마음이다. 그러니 형상의 부처를 품는 순간, 여지없이 그 얄팍한 마음은 그물이 되어 자신을 옭아매고 가두게 된다.

부처님이 거지꼴로 밥을 빌고 있다. 천이백오십 명의 비구는 혼비백산할 일이다. 그들은 부처님께 올리려 가져온 산해진미와 선물꾸러미를 들고 뒤를 따를 수밖에 도리가 없다. 소가 끄는 수레에 싣고 온 이들도 있고, 종과 일꾼을 동원해서 가져온 이들도 부지기수다.

부처님은 성안의 집집을 돌며 사람들의 행색을 살피고 있다. 어느 곳이든 가난과 부는 공존하는 법이다. 부처님은 병자들을 위해서는 기도하고 어루만지고 있다. 어느 때는 빌어 얻어온 양식을 나누어 주기도 한다.

아낌없이 베풀고 나누는 자비로움 앞에서 따르던 비구들은 저절로 겸손할 수밖에 없다. 가져온 물건들은 성안의 어려운 이들에게 차례대로 빠짐없이 건네진다. 일부는 차려입고 온 옷가지와 신발을 벗어 주기도 한다.

어둡고 침침했던 사위성 뒷골목은 어느새 찬란한 부처님의 광명으로 가득하다. 상상해 보라. 수많은 대중이 가장 낮은 자세로 베풀고 있는 모습을. 후일 예수께서 보이신 오병이어의 기적과 하나도 다르지 않은 모습임에 틀림이 없다.

부처님 말씀을 들으려 몰려든 스님이나 금강경을 접하는 대중이나 한결같다. 주옥같은 말씀에만 관심이 있다. 진리가 인간의 말과 글에 의지해서 전수될 수는 없다는 걸 놓치고 있다.

석가모니가 내보인 행선 법문은 형상의 부처님을 깨트려 내고 있음이 분명하다. 그렇지 않고서는 형상에 매인 중생들에게 진리의 답을 전할 방법이 없었기 때문이다.

그런 면에서 금강경의 제일분은 부처의 길에 이르는 수행자의

기본자세를 전해주는 최고의 법문이다. 전하고자 하는 메시지가
강렬하다.

　금강경은 분명하게 밝히고 있다. '예수의 마지막은 십자가에 못
박힘이고, 부처가 된 석가의 모습은 맨발의 거지였다.'라는 것을.

재벌 회장의 질문

(1) 신의 존재를 어떻게 증명할 수 있나? 신은 왜 자신의 존재를 똑똑히 드러내 보이지 않는가?

(2) 신은 우주만물의 창조주라는데 무엇으로 증명할 수 있는가?

(3) 생물학자들은 인간도 오랜 진화과정의 산물이라고 하는데 신의 인간 창조와 어떻게 다른가? 인간이나 생물도 진화의 산물 아닌가?

(4) 언젠가 생명의 합성, 무병장수의 시대도 가능할 것 같다. 이처럼 과학이 끝없이 발달하면 신의 존재도 부인되는 것이 아닌가?

(5) 신은 인간을 사랑했다면, 왜 고통과 불행과 죽음을 주었는가?

(6) 신은 왜 악인을 만들었는가? 예 : 히틀러나 스탈린, 또는 갖가지 흉악범들

(7) 예수는 우리의 죄를 대신 속죄하기 위해 죽었다는데 우리의 죄란 무엇인가 ? 왜 우리로 하여금 죄를 짓게 내버려 두었는가?

(8) 성경은 어떻게 만들어졌는가? 그것이 하느님의 말씀이라는 것을 어떻게 증명할 수 있나?

(9) 종교란 무엇인가? 왜 인간에게 필요한가?

(10) 영혼이란 무엇인가?

(11) 종교의 종류와 특징은 무엇인가?

(12) 천주교를 믿지 않고는 천국에 갈 수 없는가? 무종교인, 무신론자, 타 종교인들 중에도 착한 사람이 많은데, 이들은 죽어서 어디로 가는가?

(13) 종교의 목적은 모두 착하게 사는 것인데 왜 천주교만 제일이고 다른 종교는 이단시하나?

(14) 인간이 죽은 후에 영혼은 죽지 않고 천국이나 지옥으로 간다는 것을 어떻게 믿을 수 있나?

(15) 신앙이 없어도 부귀를 누리고 악인 중에도 부귀와 안락을 누리는 사람이 많은데 신의 교훈은 무엇인가?

(16) 성경에 부자가 천국에 가는 것을 낙타가 바늘구멍에 들어가는 것에 비유했는데 부자는 악인이란 말인가?

(17) 이태리 같은 나라는 국민의 99%가 천주교도인데 사회 혼란과 범죄가 왜 그리 많으며 세계의 모범국이 되지 못하는가?

(18) 신앙인은 때때로 광인처럼 되는데 공산당원이 공산주의에 미치는 것과 어떻게 다른가?

(19) 천주교와 공산주의는 상극이라고 하는데 천주교도가 많은 나라들이 왜 공산국이 되었나? 예: 폴란드 등 동구제국, 니카라과 등.

(20) 우리나라는 두 집 건너 교회가 있고 신자도 많은데 사회 범죄와 시련이 왜 그리 많은가?

(21) 로마 교황의 결정에 잘못이 없다는데 그도 사람인데 어떻게 그런 독선이 가능한가?

(22) 신부는 어떤 사람인가? 왜 독신인가? 수녀는 어떤 사람인가? 왜

독신인가?

(23) 천주교의 어떤 단체는 기업주를 착취자로 근로자를 착취당하는 자로 단정, 기업의 분열과 파괴를 조장하는데 자본주의 체제와 미덕을 부인하는 것인가?

(24) 지구의 종말은 오는가?

위의 질문은 어느 재벌회장이 유명한 성직자에게 답을 구한 내용이다. 이에 대하여 대한민국의 내노라하는 여러 성직자와 철학자가 답임을 자신하며 여러 가지를 제시했다. 그러나 아쉽게도 그분은 그것들을 전달받지 못하고 세상을 떠났다. 한편으로 그가 이런 것들을 전달받았다 하더라도 과연 이를 이해하고 깨우침을 얻었을는지는 의구심이 든다.

'이렇게 환하게 드러나 있는데, 정말로 하나님 부처님이 안 보이십니까?'

차라리 이렇게 한마디 전해주는 것이 나았겠다는 의견을 내본다. 하나님 부처님은 내가 없어야 볼 수 있다. 그러니 재벌이라는 타이틀을 거머쥔 사람의 눈으로는 하나님 부처님을 볼 수 없는 것이 당연하다.

질문에서도 보면 위세 높음이 하늘을 찌른다. 증명해 보이라며 감히 대들고 있다. 가진 것이 무어라고, 그것의 힘을 등에 업고 있음이 분명해 보인다. 이런 모습으로 '색즉시공 공즉시색'을 받아들인다는 것은 이치에 맞지 않는다.

여기에서 주목해야 할 것이 있다. 그것은 질문자가 커다란 착각에 빠져 있다는 사실이다. 질문자는 자신이 눈뜬장님이라는 사실을 전혀 인식하지 못하고 있다는 것이다. 그러니 이런 질문을 던진 것이다. 이는 자신의 처지가 우주허공의 무한한 공간에 먼지처럼 떠 있는 지구별에 붙어사는 유한한 존재임을 망각한 결과다. 그렇지 않고서야 이런 허무맹랑하고 당돌한 질문을 던질 수가 있었겠는가?

하나님 부처님의 존재가 무엇이 두려워 숨어 있겠는가? 이치에 맞지 않는다. 이치에 맞지 않는 걸 말하고 있다. 그러므로 이치에 맞지 않는 이놈이 없어지지 않는 한 질문은 꼬리에 꼬리를 물고 이어지는 것이 당연하다.

재벌 회장의 24가지 질문은 첫 번째 질문에 담겨있는 신의 존재를 깨우치는 순간, 더 이상의 의미는 상실된다. 왜냐하면, 여타의 모든 질문은 하나님 부처님을 보지 못한 주관적인 관점에서 나온 것이기에 그렇다.

절대 진리인 신을 영접하는 필수조건은 '나 없음'이다. 내가 없는데 질문이 있을 수는 없다. '나 없음의 진리 자리'에 의문과 의심은 눈 녹듯 사라지는 것은 당연하다. 질문은 내가 있어 나를 묶어 놓은 포박에 불과할 뿐이다. 신은 영생불변 진리의 존재다.

영생불변 진리의 존재인 하나님 부처님을 영접한다는 것은 자기라는 개체를 떠나는 일이다. 그래야 전체를 인식하게 된다. 자기를 붙들고 있는 한 전체의 의식을 깨닫는 것은 불가능하다.

진리 영접은 '포기'에서 시작된다. 나 자신이 걸어온 모든 것과 맞바꾸는 것에서 출발한다. 또한, 나 자신이 세상에서 가장 추악한 마귀고 사탄이라는 사실에 절절하게 참회와 반성이 있어야 한다. 그렇지 않고 진리를 영접한다는 것은 낙타가 바늘구멍에 들어가는 것보다도 훨씬 더 어려울 수밖에 없다.

아울러 탐욕과 가짐으로 일관한 삶의 목적을 재설정하여야 한다. 어두운 무명을 벗어나 하나님 부처님의 자식으로 거듭나는 것이 삶의 목적임을 분명히 해야 한다. 이런 연후에 진실로 진실로 간절하게 매달리고 또 매달려야 한다. 꼭 벗어나고야 말겠다는 절절함이 차고 넘쳐야만 한다. 이런 정성과 간절함이 없이 하나님 부처님을 영접한다는 것은 어불성설이다. 이 길은 한낮 신기루에 불과한 인간의 허장성세에 눈이 멀어있는 한 절대로 열리지 않는다는 것을 명심해야 한다.

서로가 눈이 멀어있으니 우문우답을 주고받을 수밖에 달리 별다른 방법은 없었을 터이다. 그렇다고 하더라도 무명에서 조금이라도 벗어난 성직자나 철학자였더라면 몇 가지 정도는 되물어 줬어야 마땅했다.

⑴ 당신은 누구인가?

⑵ 당신의 삶의 목적은 무엇인가?

⑶ 당신이 알고 있는 신을 설명한다면?

⑷ 당신은 행복한가?

⑸ 행복과 불행은 무엇인가?

⑹ 진리가 무엇인가?

(7) 자식들에게 전해준 가르침은 무엇인가?

(8) 마음이란 무엇인가?

(9) 깨달음이란 무엇인가?

(10) 당신이 가진 모든 것을 진리와 바꾸라 한다면?

철부지의 삶, 개똥철학이 있어 좋다

행복

'여기는 언제나 행복만이 존재하는 행복 나라다. 그러므로 침입하려는 불행을 물리치기만 하면 여기는 언제나 행복뿐이다.'

이런 전제를 하고 보니, 삶이 왜 이렇게 고달프고, 짜증나고, 힘들고, 고되고, 슬프고, 외롭게 느껴졌는지를 알 것 같다.

우리는 행복에 대해 잘못된 인식을 하고 있었다. 그래서 악착같이 행복을 찾아 몸부림을 치고 있다. 여기에다 일시적으로 얻어지는 '흥분과 쾌락을 행복이라고 착각'까지 하고 있다. 그러니 삶은 끝없는 갈등과 고통의 연속일 수밖에 없는 것이 당연하다.

행복에 대한 인식을 전환하면 이렇다. 행복은 애초부터 얻거나 구하는 것이 아니다. '행복은 삶 그 자체'였다. 그러니 행복해지려고 몸부림칠 필요가 없다. 또한, 행복을 구하려 삶의 일부를 희생해야 할 이유도 없다.

더구나 행복이라고 알고 있는 순간적인 짜릿한 흥분과 쾌락은 행복이 아니다. 그것은 개념정리가 잘못된 착각과 오류가 일으킨 잘못된 결과물에 불과하다.

애초부터 '행복은 지키고 보듬어 누리는 것'이 답이었다. 그러니 해야 할 일은 행복 나라의 임금으로서 불행이라는 적이 침입하는 것을 경계하고 막아야 하는 것뿐이었다.

불행은 호시탐탐 침입하여 영토를 확장할 기회를 노리고 있다. 사랑과 돈으로 위장한 흥분과 쾌락이라는 간첩을 침투시켜 가면서.

죽음을 인지한 코끼리가 숲으로 들어가는 것처럼, 우리의 삶에 들어와 자리를 잡은 요양 시설은 어느새 삶의 종착지가 되어 버렸다.

그 요양 시설에 입소해 있는 어머니 아버지들은 수십 권의 대하소설로도 다 표현하지 못할 삶의 굴곡을 가진 분들이다. 마찬가지로 누구나 언젠가는 죽음을 인지한 코끼리처럼 그곳에 갇히게 될 날이 온다.

흐릿해져 가는 한 가닥의 기억에 의지한 그분들이 공통으로 가지고 있는 한결같은 바람은 한 가지다. 그것은 단 하루라도 좋으니 평범한 일상으로 돌아가는 것이다. 그 바람 속에는 짜릿한 흥분이나 달콤한 쾌락 따위는 존재하지 않는다.

그런 일상인 것이다. 하찮게 여기고 별 볼 일 없는 것으로 치부했던 그 일상의 진가를 죽음 직전에 이르러서야 우리는 절절하게 알게 된다.

철부지의 삶, 개똥철학이 있어 좋다

좋은 학교에 들어가야 한다. 행복하기 위해서
성공해야 한다. 행복하기 위해서
부자가 되어야 한다. 행복하기 위해서
사랑한다. 행복하기 위해서
건강을 챙긴다. 행복하기 위해서
열심히 산다. 행복하기 위해서
관계를 맺는다. 행복하기 위해서

'행복하기 위해서'라는 단서를 붙이는 순간을 불행은 아주 좋아한다. 왜냐하면, 그 순간이 행복 나라의 경계가 가장 취약해지기때문이다. 이 순간, 행복은 안중에도 없다. 그저 술에 취한 주정뱅이처럼, 가로등 불빛을 향해 달려드는 불나방처럼 목적을 상실한 채 돌진한다.

좋은 대학에 가는 것에 집중한다.
성공에 목을 맨다.
부자가 되는 것에 모든 것을 바친다.
사랑이라는 달콤함에 도취된다.
건강에만 집착한다.
참 열심히도 산다.
관계를 통하여 인정과 관심을 구걸하는 데 혈안이다.

어느덧 60을 바라보는 나이가 되었다. 이제야 진실이 보이기시작했다. 엄청난 오류라는 걸 알아가는 중이다. 진리처럼 받아들이고서는 '행복하기 위해서'를 달성하기 위하여 매달린 삶을 살았다. 한 치의 의구심도 없었다. 맹목(盲目), 그 자체였다. 삶의 목적이라는 걸 생각해 본 적이 있기는 하였는지 싶다.

다행히도 '마음공부'를 통하여 물음표를 가지고는 있었다. 그러니 후회의 한쪽 구석에는 작은 '깨달음'이나마 자리를 잡고 있는지도 모르겠다.

죽음의 직전에서야 알게 되어 애절하게 피눈물을 흘리지는 않게 되었다. 그래도 아직은 주정뱅이고 불나방인 것은 분명하다. 불쑥불쑥 '행복하기 위해서'에 도취하여 그것에 달려들곤 하니 말이다.

"언제까지 그럴 건데, 이제는 정신 차려야지."

불행

　　　　　무르거나 형태가 잡히지 않은 쇳덩어리는
담금질과 단조의 과정을 거쳐 쓰임새에 알맞은 도구가 된다. 쇠
는 고온에 가열되었다가 물이나 기름에 담가지고 두드려지길 반
복하며 단단해지고 형태를 갖춘다.

　이런 면에서 보면 삶의 우여곡절들이 그저 우리를 괴롭히는 조
건만은 아니지 싶다. 삶은 규정된 대로 일정하게 돌아가는 쳇바
퀴가 아니다. 그러니 끊임없이 파도가 밀려오고 비바람이 몰아친
다. 그러므로 살면서 겪게 되는 온갖 우여곡절은 삶을 가다듬는
담금질과 단조임이 분명하다.

　삶이 흥미진진하고 살만한 것은 내비게이션에 의지해서 가는
길이 아니기 때문인지도 모른다. 삶이 스포일러에 의해서 공개된
영화를 보거나, 미리 대본을 읽고 접하는 드라마처럼 펼쳐진다면
어떻겠는가? 그 삶은 간이 전혀 안 된 음식을 먹는 것처럼 그저
밍밍할 수밖에 없을 것이다.

어른 흉내를 내거나 칭찬받을 요량으로 땔감 나무를 하러 간 적이 있다. 한 손에는 대문간에 걸린 낫을 집어 들었고, 어깨에는 몸에 맞지 않아 어깨끈이 축 처진 엉성한 지게를 걸머졌다. 나름 남산만 한 나뭇짐을 해올 요량으로.

땔감용 나무는 삭정이가 주종이다. 삭정이는 소나무나 참나무 등 살아있는 나무에 붙어 있는 죽은 잔가지다. 소나무 삭정이는 관솔이 되어 화력이 좋아 땔감으로 제격이다. 이런 관솔 삭정이는 다른 삭정이에 비해서 단단하다. 낫으로 내리쳐도 잘리질 않는다. 이럴 땐 있는 힘을 다해 낫을 움켜쥐고, 여러 번 반복해서 낫질해야 한다. 초보 나무꾼은 어찌 어찌해서 까치집만 하게 나뭇짐을 만들어 집에 왔다. 저녁밥은 기특하다는 칭찬이 더해져 꿀맛이었다.

다음 날 소 꼴을 뵈러 가기 전 숫돌에 낫을 갈던 아버지의 음성이 들렸다.

"나무를 한다고 낫을 다 버려 놨네. 날이 다 나가서 쓸 수가 없게 생겼어."

나무라실 줄 알았던 아버지는 낫이 만들어지는 과정과 쓰임새에 대하여 말씀해 주셨다.

"나무를 하거나 단단한 것을 자를 때는 육철낫이라고 하는 조선낫을 사용해야 하고, 벼나 풀과 같이 무른 것을 벨 때는 왜낫을 사용해야 한다."

왜낫은 주조하여 만든 얇은 철판에 날을 세워 만들므로 대량생산이 가능하다. 가볍고 날렵하게 생겼다. 왜낫에 사용된 쇠는 얇아서 날이 쉽게 서지만 강해서 부러지기 쉬운 단점을 안고 있다. 그래서 풀베기에 적당하다.

이에 비하여 조선낫이라고 하는 육철낫은 대장간에서 손으로 하나하나 만들어지는 수공예품이다. 그래서 육철낫은 대장장이의 손길에 따라 크기와 모양 등 그 섬세함에서 차이가 있기에 생산되는 대장간별로 구별된다.

육철낫은 묵직하다. 움켜쥐면 그 무게감이 느껴지고 듬직한 맛이 난다. 날을 세우기가 힘들어서 그렇지 한번 날을 세우고 나면 어지간해선 날이 무뎌지지 않는다.

조선낫은 단단한 쇳덩어리를 다루는 작업을 통해 만들어진다. 단단한 쇠는 뜨거운 불에 달궈지고, 물에 담기길 반복하며 낫으로 사용이 가능한 강도를 갖게 된다. 더불어 수없이 반복되는 망치의 두드림으로 낫의 모양을 갖춘다. 이렇게 만들어진 낫은 숫돌에 갈려 날이 세워진다. 그러므로 육철낫은 제법 굵은 나뭇가지를 내리쳐도 망가지지 않고 잘 견뎌낸다.

육철낫 한 자루도 그저 수월하게 태어나지 않는다. 수 없는 담금질과 단조 과정을 거쳤기에 단단한 수목도 자를 수 있는 쓸 만한 도구가 된 것이다. 그렇지 않았으면 그저 잔풀이나 베는 얄팍한 왜낫으로밖에 만들어지지 못했을 일이다.

하물며 쓰임새 있는 사람이야 말해서 무엇 하겠는가. 인간의 삶은 혼자가 아니다. 무수히 많은 사람과 어우러진 삶이다. 어우러짐은 때로는 경쟁과 불협화음과 고난과 역경을 부른다. 이런 일들이 일어남을 우리는 불행이라고 통칭한다. 행복의 반대개념

일 수도 있겠으나 행복이라는 말 또한 확실하게 정리된 개념은 아니다.

그렇다면 우리를 쓰임새 있게 만드는 것들은 무엇일까? 안락함과 편안함을 동반한 행복이라는 조건일까? 아니면 고난과 역경이라는 불행의 조건일까?

그 답은 육철낫이 태어나는 과정에서도 알 수 있듯이 당연히 불행이라는 조건들일 것이다. 그러니 어쩌면 일상에서 일어나는 고난과 역경을 이겨내는 것은 담금질에 비견된다고 할 수 있다. 또한, 경쟁과 불협화음을 조율하는 과정은 수없이 내리쳐지는 망치질에 비견된다 해도 과언이 아니다.

불행을 감내하고 이겨내는 과정은 우리를 너그럽게도 만들고 여유롭게도 만든다. 무른 쇠는 효용 가치가 없다. 뜨거운 불에 달궈지길 반복한 쇠만이 단단함을 자랑하고, 당당하게 그 효용 가치를 증명한다.

불행을 그저 단순하게 나를 괴롭히는 조건들로 치부해 버리는 것은 자신의 가치를 드러낼 기회를 저버리는 일이다. 그러므로 펼쳐진 악조건들을 단순히 해결해야 할 외부적인 요인으로만 국한하기보다는 자신의 내면에서 비롯된 문제들임을 자각하는 것이 현명하다. 그래야 불행의 조건을, 자신을 담금질하는 배움의 조건으로 받아들일 수 있게 된다.

하나같이 쉬운 길을 찾아 날렵하게 사는 길을 택하려 한다. 그것이 자식일 경우에는 더욱더 극성이다. 기반을 잡아 주어 시행착오 없이 편안함에 안주하길 서슴지 않는다. 언감생심 내 새끼에게 울퉁불퉁 비포장 길은 생각할 수가 없다. 그저 아우토반 고속도로 위만을 무한 질주하길 바란다.

아우토반은 빠르고 평탄하다. 하지만 한순간에 목숨을 잃을 위험이 존재한다는 걸 명심해야 한다. 자식을 구하고 올바른 길로 안내하려면 독수리가 벼랑에서 새끼를 밀쳐내는 냉철함이 필요하다.

모름지기 부모라면 자식을 편안하게 펼쳐진 안주의 길로만 안내할 일을 아니라 본다. 한 번쯤, 자신의 성장은 물론 자식을 지키는 길이 무엇인지를 곰곰이 살펴볼 일이다.

'사랑의 매'라는 말이 있다. '아픈 만큼 성숙한다.'라고도 한다. 괜한 말은 아니지 싶다. 세상에 일어난 일은 하나도 허투루 할 것이 없다. 소중하게 보듬을 줄 아는 사람만이 '하나님이 내려준 사랑의 선물'을 확인하게 된다.

'삶 속에 찾아드는 불행이라고 하는 어려움과 슬픔과 아픔은 어쩌면 인생을 안내하는 사랑과 담금질과 단조일 수 있다.'

종교 유감

　　　　　　교묘해진 종교의 가면이 정치인들의 추악한 가면을 무색하게 한다. 종교의 가면을 확 찢어 내는 방법은 개념 정리를 통하여 옥죄어진 그물에 갇혔음을 스스로 인식하는 수밖에 달리 방법이 없다.

　종교의 가면은 무섭다. 역사적으로 살펴봐도 그렇다. 수 없는 종교전쟁이 있었다. 현재에도 지구촌 곳곳에는 진행형인 종교의 전장이 상존하고 있다. 그러나 어쩌면 드러난 전쟁보다 더 심각한 것은 종교의 그물에 갇혀서 갇힌 줄도 모르고 있는 것인지도 모른다.

　정치인들의 장난감인 좌우 논리의 이념도 살펴보면 종교의 그물과 크게 다르지 않다. 그것의 확대판이 북한이다. 작게는 성지처럼 되어 버린 정치인들의 무덤도 이것에서 별반 다르지 않다고 봐야 한다.

　수년에 걸쳐 마음공부를 한다는 단체에 속해서 진리의 목마름에 목을 축였던 적이 있다. 일면 목마름에 단비처럼 많은 도움이 되었음을 인정한다. 그러나 그 일면에는 개인의 간절함과 처절함이 더 크게 작용했다는 것도 부연한다.

표면적으로 단체는 대자유와 대해탈을 표방했다. 하지만 회원을 현혹하여 스승이 만든 그물에 가두며, 자신을 신격화하는 걸 서슴지 않았다. 급기야 재단법인을 만들어 축적된 재산을 사유화하였다. 종국에는 실세인 재혼한 부인과의 사이에서 태어난, 20대 초반의 어린 아들에게 세습을 강요하였다. 이러한 지경에 이르러 단체와는 결별하였다.

당시를 돌아보면, 그러한 세력이 구축될 수 있었던 것은 인간의 우매함과 진리 앞에서 자신을 한없이 낮은 존재로 폄훼하는, 인식의 오류를 교묘하게 이용했기에 가능했지 싶다.

단체를 이끄는 사람도, 그를 따르는 회원도, 처음부터 그럴 의도와 명분을 내세우진 않았으리라. 다만, 끝까지 남아 있는 실낱같은 인간의 습성을 끊어내지 못하고, 이에 휘둘린 결과일 것이라는 추측을 해볼 뿐이다.

자칫, 종교의 틀에 갇혀 인생의 대부분을 날려버리는 경우가 비일비재하다. 살펴보면 종교의 그물은 부지기수로 많다. 얄팍한 논리로 단체를 키워 하나님 행사를 하고 있다. 믿음을 충동하여 하늘이나 천국으로 안내하는 척하거나 그리 믿고 있는 미신에 빠진 종교도 있다.

하나님 부처님 알라는 인간을 대리인으로 세우거나 권한을 위임한 적이 없다. 하나로서 세상 자체인 진리가 무엇이 아쉬워서 인간을 내세우겠으며 섭정하겠는가?

조금만 생각해 봐도 금방 드러난다. 이러하거늘 권한을 위임받은 척하거나 대리인임을 자처하고들 있다. 더하여 이리가 양의 탈을 쓰듯 하나님의 탈을 쓰기도 하고, 탈을 쓴 줄도 모르고 하나님 부처님 알라의 노릇을 하고들 있다.

담임 목사, 큰 스님, 스승, 교황, 주교니 하는 등 가면일 수 있는 이름들은 부지기수로 많다. 자세히 보면 김일성, 김정일, 김정은으로 세습되는 북한의 이념 종교와 구별하기가 불가능하다.

눈을 씻고 봐도 성경과 불경과 코란의 어느 한구석에도 이러한 명칭과 권한과 위임된 자리를 명시해 놓은 구절은 없다. 그렇다고 해서 성경과 불경과 코란이 진리를 다 담고 있다는 것은 결코 아니다. 왜냐하면, 성경과 불경과 코란이 하나님 부처님 알라를 고스란히 담고 있다면 막다른 골목에 다다를뿐더러 그 오류가 더욱 심각해지기 때문이다.

성경에 적힐 하나님이라면, 불경에 표현될 부처님이라면, 코란에 드러날 알라라면 나는 믿지 않겠다는 것이 나의 지론이다. 어찌 세상의 그 자체인 하나님 부처님 알라가 인간의 글이나 말로 표현되어 책 속에 갇히거나 토해내질 수 있단 말인가?

제발 형상과 사탕발림에 무릎 꿇지 않기를 간절하게 바랄 뿐이다. 십자가와 불상과 커다란 예배당과 화려한 절간에 미혹해지지 않기를…….

아울러 성직을 직업으로 삼거나, 가면인 줄도 모르고 뒤집어쓰고 있거나, 자청해서 쓰고 있는 것을 자성하거나 구별할 줄 알아야 한다.

성직자는 처절하게 낮음을 통하여 진리를 추구하겠다고, 만인에게 공표하며 만인의 검증과 눈초리를 감내하겠다고 다짐한 것이다. 외에는 아무런 것도 보장받는 것이 없는 자리다. 단지, 이뿐이다.

하나같이 진리를 앞세우고 있다. 그러므로 가면을 뒤집어쓴 종교의 탈을 확 찢어 내는 방법은 의외로 간단하다. 왜곡된 진리를 보는 견해만 있으면 된다. 왜냐하면, 진리에는 정곡을 찌르는 핵심 3요소가 있기 때문이다. 이 핵심 3요소만 있으면, 아무리 교묘하고 정교하게 만들어진 가면이라도 그대로 드러나게 되어있다. '진리'의 세상에는 인간의 잔머리가 발붙일 곳이 없다.

진리의 핵심 3요소는 '생명성, 영원성, 불변성'이다. 이것을 한 치라도 벗어난 것은 진리가 아니다. 그것은 가면을 뒤집어쓴 이리이고 늑대일 뿐이다. 그러므로 절대로 그 앞에 머리를 조아리거나 현혹되어서는 안 된다.

이러한 현혹을 물리치려, 예수는 십자가에 못 박힐 수밖에 없었고, 석가는 수천의 대중이 우러르는 상황에서도 거지의 꼴로 맨발에 탁발하며, 끼니 때우길 마다하지 않았다는 것을 간과해서는 곤란하다.

종교의 가면은 진리에 목마른 인간을 현혹하여, 신익(神益)을 가장한 사익(私益)의 그물에 인간을 가두고 있다는 사실을 명심해야 한다. 그렇지 않으면 가면의 노예가 되거나, 가면의 탈을 쓰고 타인을 오염시키는 흡혈귀가 되기에 십상이다.

종교는 삶의 목적을 진리를 추구하도록 하는 데 두어야 마땅하다. 진리를 통하여 자유를 찾고, 행복하게 살도록 하여야만 한다.

유감 출입금지

"○○○ 및 이단의 출입을 금합니다. 발견 시에는 법적 조치를 취하겠습니다." 유행처럼 예배당 입구를 장식하고 있는 문구다.

예배도 드리고 목사님 말씀도 듣곤 하던, 꽤 규모가 있는 유수의 예배당 입구에 어느 날인가부터 이런 세움 간판이 세워졌다. 눈을 의심했다. '이런 곳이었어?'

출입구 가장 주목되는 자리를 잡고 버티고 있는 걸 보면, 한 개인의 일탈 행동으로 세워진 것은 아닌 것이 분명하다. 담임목사님과 당회의 결정과 승인 아래 이뤄진 것이 확실하다. 또한, 누구 하나 이의를 제기하지 않은 것을 보면, 예배당 식구 모두의 공통된 의견도 도출이 된 듯하다. 그러나 안타깝게도 이런 행위는 조금이라도 문구의 이면을 놓고 기도를 해봤다면, 부끄러워서 도저히 실행에 옮기지 못했을 일이다.

문득 '나는 어떤 예수님과 부처님을 기다리고 있는 것일까?'와

'뵙게 된다면 어떤 말씀을 해주실까?'를 놓고 기도한 적이 있었다. 결론은, 말쑥하고 깨끗하게 차려입고 홀연히 나타나서는 "착하고 올바르게 말씀대로 참 잘 살았구나. 수고했다. 후에 천국에서 보자꾸나." 하면서 살포시 안아 주시고 머리를 쓰다듬어 주실 것이라는 착각에 빠져 있었다는 것을 깨달았다.

만약에 헝클어진 머리와 악취가 나는 행색으로 나타나서는 "내가 예수니라" 했다면 믿고 수긍했을 턱이 없다. 게다가 자가당착에 빠져 저밖에 모르는 바보천치로 살았다고 언성을 높이며, 발길질하고 두들겨 패기라도 했다면, 길길이 반항하며 경찰서에 신고했을 것이 뻔하다. 아니다. 사탄과 마귀라고 단정 짓고는 멀리 내쳤을 것이 분명하다.

어째 이런 믿음과 얄팍함으로 하나님과 부처님을 닮아서 살겠다고 한 것인지, 도무지 이해되질 않았다. 순간, 한없이 창피하고 부끄러워 쥐 구멍에라도 들어가고 싶은 심정이었다.

출입을 금하는 것은 교회에 발을 들여놓으려는 특정 단체의 사람을 사탄과 마귀라고 규정한 것이다. 그러나 세상에는 사탄과 마귀란 없다. 하나님과 부처님은 완전한 존재이기에 완전함만을 창조했다. 그러므로 그런 헛된 망상의 존재는 만든 적이 없다.

단지, 인간만이 자기의 마음이 존재한다는 착각에 빠져 그 마음으로 세상을 심판하는 꼴을 연출하고 있을 뿐이다. 하여 사탄과 마귀는 인간의 마음에나 존재하는 망상이다. 따라서 사탄과 마귀는 출입에 가로막힌 사람들이 아니라, 그들의 출입을 가로막고 있는 자신들의 모습이라는 사실을 각성해야 한다.

예배당은 하나님의 성전이다. 성전은 누구나의 것이라는 전제가 있다. 하나님의 품에 안기는 것을 감히 인간의 얄팍한 이기심으로 가로막을 수는 없는 노릇이다. 죄가 있다면 이것처럼 큰 죄는 없을 것 같다. 따라서 이를 가로막는 짓은 예배당을 소유하고자 하는 사심이 있음이 분명하다. 섬긴다는 것을 전제로 예배당을 사유화하겠다는 욕심을 공공연히 드러낸 부끄러운 일임에 틀림이 없다.

아울러 이들을 가로막고 있는 가장 큰 이유 중의 하나는 가둬놓은 예배당의 식구들이 포섭될까 두려워서일 것이다. 이들이 추수한다는 목적으로 하나씩 꼬드겨 나가는 전도를 하고 있으니, 출입 금지는 어쩌면 당연한지도 모른다. 그러니 예배당을 규모 있게 성장시켰다는 자부심 있는 목회자와 사역자들일수록 교회 식구들과 예배당의 안위를 위하여 안절부절못하는 심정이 들것은 자명하다. 그러나 어쩌면 이런 안절부절못하는 것은 진리와 거리가 먼 내용으로 예배가 이뤄졌다는 것을 실토하고 있는 것인지도 모른다. 그렇지 않고서야 진리는 내팽개치고 저런 얄팍하고 부끄러운 문구를 대문에 떡 하니, 입춘 문처럼 써 붙여 놨을 리가 없다.

분명한 것은 ○○○인도 우리의 이웃이고, 동료이고, 형제자매라는 사실이다. 학교에서 삶의 터전에서 맡은 바 책무를 하는 분명, 우리 사회의 일원이다. 그런데 왜 우리는 그들을 사탄과 마귀로 몰아가고 있는 것인지 모르겠다. 더욱이 섬기는 사람들이 보이는 모습은 더 안타깝다. 한편으로는 측은하기도 하고, 그 하는 꼴이 추하게만 보인다.

자기반성이 먼저가 아닐까 한다. 특히나 섬기는 사람들은 더더욱 이런 상황에 자유로울 수가 없다. 왜냐하면, ○○○라는 사이비 단체와 ○○○라는 혹세무민하는 무지한 사람을 만든 장본인들은 바로 섬기는 사람들이기 때문이다.

올바른 자세로 진리를 따랐다면 결코 문제의 집단은 나오질 않았을 것이다. 물질과 탐욕만이 판을 치는 종교, 세력 확대에 혈안이 되어 버린 종교를 과연 하나님과 부처님의 존재는 어떻게 바라보고 계실지 궁금하기만 하다.

사회는 점점 더 예배당과 절간의 역할이 절실하게 요구되는 형국이다. 믿음의 서약으로 충성을 다짐한 신자라면 정신을 차려야 한다. 일반 신자는 물론이고 섬김의 자리에 있는 신자라면 더더욱 그렇다. 왜냐하면, 신자 자신이 전도지고 그 신자의 행동이 생명수이기 때문이다. 세상에 자기 자신만큼 좋은 전도지는 없다.

자신의 간사한 마음을 포기하지 않은 채, 말로만 믿는다고 하는 것은 앵무새의 흉내 내기만도 못한 아주 간사한 짓이기에 금방 그 감추어진 실체가 드러난다. 그러므로 아무리 좋은 전도지를 전한다고 해도 하나님의 마음에서 전하는 것이 아니라면, 그 결실은 미약할 수밖에 없다.

가정에서나 일터에서 마주하는 모든 사람을 자신의 예수님으로 받아들였을 때만이 자신의 죄업이 씻겨진다. 이런 모습은 그 어떤 전도지와도 비교가 되지 않는다. 이것이 생명수를 전하는 신자와 섬기는 자의 참된 자세다.

그러므로 당당하고 떳떳하고 자신이 있다면, 진리의 하나님을 믿고 따르고 있다면, 기꺼이 예배당의 문을 활짝 열어젖혀야 한다.

99% 같다는 데도

　　사람의 됨됨이를 인간성이라고들 한다. 그렇다면 사람마다 인간성은 얼마나 다를까? 대부분 사람은 인간성이 서로 매우 다를 것이라고 여기기 쉽다. 하지만 인간은 그 본질이 같으므로 인간성은 99%가 같고, 1%만 다른 정도다. 게다가 그것이 가까운 혈연관계일 경우에는 그 차이가 좀 더 좁혀져 99.9%가 같고, 0.1%만 다르다고 보는 것이 타당하다.

　그래서 그런지 냉정한 시각으로 나 자신을 보고 있노라면, 사회적인 이슈를 일으켜 손가락질 받는 사람들과 별반 다르지 않은 나를 발견하곤 한다. 섬뜩함마저 든다.

　코로나 팬데믹 와중에 치러진 20대 대통령 선거가 끝났다. 이번 대선은 결과의 극적인 장면을 떠나서 역대 가장 좌우가 갈라진 선거전의 양상을 보였다. 고도로 발달한 미디어를 통한 정치 마케팅이 만들어 낸, 참으로 어처구니 없는 물결의 소용돌이 그 자체였다. 정치 이기주의자들이 만들어 낸 그물에서 온 국민은 허우적거렸다.

상대를 헐뜯고, 흠집 내기를 서슴지 않았다. 그것의 사실 여부와 옳고 그름을 가르마 타 줄 사법 시스템마저 먹통이 되어버려, 더는 제 기능을 상실한 상태였다. 양심이라고는 눈곱만치도 없는 얄팍한 철학자들도 세력에 줄서기를 서슴지 않았다. 아니 드러내고 자신들의 얄팍함을 부끄럼 없이 토해냈다. 그렇지 않아도 철학의 부재가 심각한 지경인 대한민국호의 탑승객들에겐 불구덩이에 기름을 부은 격이 되었다.

"똥 묻은 개가 겨 묻은 개 나무란다."라는 속담을 떠올릴 필요조차 없는, 누구라도 다 아는 사실도 호도하고 포장하고 정당화했다. 그물에 갇힌 민의는 본질을 잃은 지가 오래되었고, 나라와 자신의 안위보다는 정치꾼들이 부추긴 자존심 싸움에만 도취해 갔다.

대통령 후보를 뽑는 것인지, 영부인을 뽑는 것인지, 헷갈리는 상황에서 급기야 가족은 물론 형제자매와 처가까지를 망라하여 끌어들인 전장은 말 그대로 점입가경이었다. 후보자, 대변자들, 지지자들이 서로 뒤엉켜 얼굴을 붉혀가며 대변하고, 헐뜯는 모습은 과히 한편의 막장 드라마에 뒤처지질 않았다.

이 경우 본인은 물론이거니와 이를 대변하는 이들은 과연 얼마나 이들을 잘 알고 있기에 이러는지 궁금해졌다. 또한, 자신은 이러한 일들에 얼마나 자신이 있기에 저렇게 당당하게 변명 내지는 항변을 해주고 있는지 의구심이 들었다. 그렇다고 해서 나 자신도 결코 예외일 수가 없다. 어쩌다 이지만 언쟁에 끼이기도 했고, 뉴스와 토론을 접하며 눈살을 찌푸리거나 욕설을 뱉기도 했으니

철부지의 삶, 개똥철학이 있어 좋다

말이다.

성범죄자. 사기꾼, 살인 강도범, 탈세범, 폭력범, 가정파괴범, 음주 운전자, 간통죄인, 보이스피싱범, 횡령범, 교통사고자, 뺑소니범, 전범, 독재자, 해적, 정치범들은 세상의 다양한 범죄를 저지르고 법의 심판을 받는다. 그렇다면 과연 드러난 범죄가 드러나지 않은 범죄보다 더 많을 것인가? 이 견지에는 선뜻 동의하기가 쉽지 않다. 왜냐하면, 나를 보더라도 이러한 범주에서 벗어나기가 절대 만만치 않기 때문이다.

인간이 만든 법의 테두리만 해도 이럴진대, 신의 관점에서 나를 본다면 어떠할지 과히 짐작이 가고도 남는다. 그러면서 이런 지경에서도 각종 매체를 통해 전해오는 범죄 소식에 혀를 내두른다든지, 중얼거리는 걸 멈추지 않고 있는 나다.

드러나고 꼬리가 밟히지 않아서 그렇지, 어떻게 보면 처벌받는 이들보다 더한 범죄자일 수도 있는 처지다. 그런 인간이 어떻게, 이렇게 태연자약하게 이들을 힐난하고 죄인으로 몰아붙일 수가 있단 말인가?

'그 입 다물라, 꿰매 버리기 전에!' 나 자신에게 통렬하게 일침을 가해도 본다. 하지만 예의 다짐은 얼마 못 가 여지없이 무너지길 반복하고 있다. 그래도 인간이길 거부하기는 싫은지, 다시 반복하길 멈추지 않고 있다.

일터에서도 마찬가지다. 얄팍하게 터득한 걸 가지고, 마치 내 것인 양 뽐내려 하고 있으니 말이다. 그 처지가 되면 그보다도 훨

썬 못 미칠 것을 알면서도 평가하고, 판단하길 주저하지 않는다. 이런 어리석음은 분명 평가와 판단이 비수가 되어 상대의 폐부를 깊숙하게 찌른다는 걸 모르는 것일 거다.

이 모습에서 한 치도 벗어남이 없는 나이고 보면, 나는 분명 자가당착에 빠진 어리석은 중생이다. 그렇지 않고서야 이럴 수는 없다. '착(着)'이 분명하다. 귀신이 붙은 게다. 잘난 귀신, 독불장군 귀신, 고결하다는 귀신, 분별하는 귀신…….

귀신을 물리치는 방법은 빠진 얼을 찾아서 들어 앉혀야 한다. 어떻게?, 정신을 차려서. 가장 빠르고 좋은 것은 따귀를 한 대 얻어맞는 것이고, 아니면 걸어가다가 돌부리에 걸려 심하게 넘어져 코가 깨지는 것이다. '에라, 이 머저리 놈아!'

참 많이도 잘난 척하면서 모진 짓을 했을 터이다. 모르면서 아니 모른 척하면서. 그래도 여태껏 한 번도 사과한 적도 없었던 것을 보면, 덜된 인간임은 분명한 사실이다. 부정하려고 해도 부정을 할 수가 없다. 되돌려서 주워 담았으면 좋으련만 불가능하다. 어쩌랴! 두고두고 무릎이 닿아 없어질 때까지 그 값을 치를 수밖에.

부모·형제 간에는 또 어땠는가? 가깝게 피를 나눈 사이라고 세상에 한 것보다 더하면 더했지 덜 했을 것 같지 않다. 모질기도 더 모질게 그리고 더 차갑게 말이다.

부모·형제에게 받은 것은 바다보다도 훨씬 크고 넓다. 갚을 길은 요원하고, 이제는 갚을 수도 없는 지경도 부지기수다.

99%도 아니고 99.9%가 같으니, 가히 한 몸이라고 해도 무리가

아닌 부모·형제들이다. 그런 상황에 수군대면서 비방하기도 부지기수요, 험담에 끼어 거들었던 기억도 적지 않다. 내미는 손길에 따스함보다는 차가운 냉기를 주기가 일쑤였다.

내가 어려우면 안 되니, 내가 아프면 안 되니, 내게 손해가 오면 안 되니, 항상 적당한 거리를 유지하기에 급급했다. 그만큼 범위에서만 했으면서도 온갖 생색은 생색대로 드러내길 주저하지 않았다. 그러면서 부모·형제라는 핑계로 저주에 가까운 독설과 원망과 서운함을 퍼부어 댔었다.

아뿔싸! 늦었다. 엉킨 실타래는 풀래야 수도 없거니와 푼다고 한들 어쩔 수도 없는 정말로 엎질러진 물이다. 그래도 다행인 건 철부지를 간신히 면하게 된 걸 다행으로 여기게는 되었다. 속죄하는 마음으로라도 개똥 철학자 행세는 당분간 해볼 요량은 조금 있다.

상대와 99%가 같다는 것을 애써 무시하거나 거부하고 살았지 싶다. 그러면서 1%의 다름을 들어 상대를 아주 매몰차게 몰아세우길 주저하지 않았다는 것을 부인하기 어렵다.

100%에서 1%는 차이라고 할 수도 없는 아주 미세한 틈새다. 그 차이를 구분해 내기란 불가능하다. 게다가 그것이 인간성을 구분하는 것이라면 그것은 100% 순금과 99% 금을 구분하기보다도 더 어렵다고 할 것이다.

이럴진대, 우리는 상대를 비난하고 평가하길 서슴지 않는 경향이 있다. 그것도 아주 매몰차게 말이다. 그러나 그러기에 앞서 '나는 얼마나 고결하고 완전하기에 그러는지'에 대하여, 한 번쯤은 냉정하게 자기 자신을 들여다볼 필요가 있다. 과연 나는 내가 비난하고 평가하는 사람과 비교하여, 하늘을 우러러 한 점 부끄러움이 없다고 할 수 있는지를 말이다.

철부지의 삶, 개똥철학이 있어 좋다

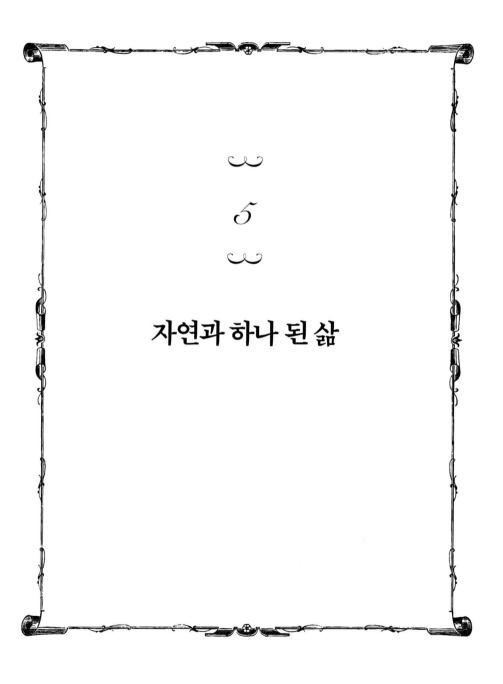

5

자연과 하나 된 삶

물광 피부

　　겨울은 엄동설한의 계절이다. 그러니 혹독한 추위와 수북하게 쌓인 눈을 몇 차례는 쓸어내야 비로소 겨울을 맛보았다고 할 만하다. 그런 겨울이어야 배추김치, 동치미, 군고구마, 호떡, 조청을 듬뿍 찍은 가래떡, 따끈한 어묵 국물의 진짜 맛을 느끼게 된다.

　　이런 면에서 보면 2019년 겨울은 그 맛을 전혀 느낄 수가 없었다. 작은 개울조차도 얼지 않을 정도로 포근하기만 한 겨울이었다. 한강은 고사하고 안양천조차 겨우내 햇살에 물비늘을 뽐내는 걸 멈춘 적이 없다시피 했다.

　　심각하게 내닫고 있는 지구환경의 변화를 가장 많이 보여준 계절이었다. 게다가 봄으로 이어지며 '코로나19'라는 신종 바이러스가 창궐하고 있다. 인간이 불러들인 이상기후와 무관하지 않음을 일깨워 주고 있다.

　　바야흐로 봄이다. 제일 먼저 꽃망울을 터트려 내는 생강나무,

울타리를 감싸며 노란 자태를 뽐내는 개나리, 베란다 너머 산등성이로 엷은 분홍빛을 드러내고 있는 진달래를 필두로 이제는 봄 축제의 여왕인 벚꽃도 흐드러질 준비가 한창이다.

아름드리나무를 감싸 안고 고요의 시간을 가져 본다. 고개를 옆으로 돌려 나무의 표피에 가만히 귀를 가져가 대어 본다. 고요와 함께 생명의 소리가 다가온다. 메말라 있던 나무 기둥 개울에 물길이 트였다. 자연의 리듬에 맞춰 삼투압 펌프가 속껍질을 적셔 내며 생명수를 밀어 올리고 있다.

물 광을 낸 것처럼 매끈거리고 촉촉한 피부를 비유적으로 이르는 말을 일러 '물광 피부'라고 한다. 요즘 들어 물광 피부를 뽐내는 한 녀석이 있다. 일명 '해피트리'라는 나무다.

녀석은 우리 집 거실 한쪽에 자리를 잡아 살고 있다. 새파란 이파리에 반짝반짝 윤기가 흐른다. 참 싱그럽고 예쁘다. 올리브유를 바른 것처럼 반질반질하다. 얼마나 매끄러우냐 하면 파리가 앉으면 저절로 미끄러질 정도다.

해피트리의 빛나는 이파리를 보고 있노라면 어찌나 생기가 흐르는지 탐이 날 지경이다. 솔직히 해피트리의 물광 피부가 부럽다. '해피트리의 물광 피부 비결이 무어일까?' 문득 그 비결이 궁금해졌다.

어느 날 아침, 그렇게 반질반질하던 해피트리 잎에 윤기가 보이질 않았다. 그러고 보니 해피트리는 항상 윤기 나는 이파리를 하고 있지는 않다는 걸 알게 되었다. 유독 이파리가 반들반들할 때가 있지만, 어느 날은 윤기를 잃고 있는 경우도 종종 있다. 이날은

철부지의 삶, 개똥철학이 있어 좋다

이러한 변화에 호기심이랄까 궁금증이 발동했다. 혹 물을 주면 어떤 변화가 있을지도 모르겠다는 생각이 들었다.

실내는 건조하다. 더군다나 겨울은 난방을 하는 계절이니 화분의 흙은 금방 말라버린다. 그러니 세심하게 관리하지 않으면 고사하기가 십상이다. 그래서 화분의 수분을 맞춰주는 일이 수월하지만은 않다. 벌써 겨울을 나며 작은 선인장과의 식물 화분 하나를 잃었다. 화분에서 생명을 다한 선인장을 뽑아내는데 마음이 좋지 않았다. 좀 더 신경을 써주지 못한 것이 미안했다.

해피트리 화분에 물을 흠뻑 주었다. 물에 대해 생각을 하며 물을 주어서 그런 건지는 몰라도 나 자신이 물을 마시는 것처럼 느껴졌다. 저녁 무렵이 되자 해피트리는 그 멋진 물 광 피부를 뽐내고 있다. 물의 생명력을 실감하는 순간이다. 자연의 리듬 앞에 경외감이 들었다.

물은 자연의 리듬을 대표한다. 오케스트라의 지휘자처럼 자연의 생명을 춤추게 하고 노래하게 한다. 바싹 말라서 타들어 가는 대지도 하늘을 뒤덮은 구름이 비가 되어 내리게 되면 일순간 생명의 속삭임으로 용트림한다. 골짜기의 물 흐르는 소리에 숲은 잠에서 깨어나 기지개를 켠다. 바람도 불어오고 새소리도 다시 들려준다. 물이 생명의 바탕을 이루는 구심점임에 틀림이 없다.

'갈증'은 몸이 물 배고픔을 이르는 말이다. 갈증이 심할 때 먹는 물은 달고도 맛이 기가 막힌다. 이때 마시는 물은 바로 몸으로 흡수되어 피가 되고 살이 된다고 해도 과언이 아니다. 그런데 어쩐 일인지 생명수인 물 마시는 것을 소홀히 하는 경향이 있어 안타깝기만 하다.

요즘은 갈증을 느낄 틈이 없을 정도로 대체 음료가 보편화되었다. 습관적으로 대체 음료에 길들어 있어, 자칫 물과 대체 음료가 같다는 생각을 하기 쉽다. 그러나 커피, 국물, 탄산음료, 주스, 맥주 등의 대체 음료가 물과 같다는 생각은 잘못이다.

갈증은 우리 몸이 물을 간절하게 원하고 있다는 신호다. 몸이 물을 원하는데 이를 무시하고 대체 음료를 섭취하게 되면 일시적으로 갈증은 해소되는 듯하지만, 섭취한 대체 음료는 피가 되고 살이 되는 물이 아니다. 이는 혀끝과 기분에만 맞춰진 것이지 몸을 위한 생명수는 아니다.

오히려 몸은 섭취한 대체 음료를 정수처리 하여 피가 되고 살이 되는 순수한 물로 만들어야 한다. 그러니 정수처리를 담당하는 몸의 각 장기는 심하게 시달릴 수밖에 없다. 대체 음료에 시달려야 하니 몸은 언제나 천근만근이다. 어찌 보면 대체 음료가 피로를 풀어주는 것이 아니라 오히려 피로를 가져오게 하는 역할을 하고 있다.

대체 음료는 좀 더 심하게 말하면 화학물질에 변질이 된 오염수라고 표현해도 과언이 아니다. 과일주스라고 해도 별로 다르지 않다고 봐야 한다. 대체 음료가 흔하지 않던 예전에는 수시로 물을 섭취하는 것이 그리 어렵지 않았다. 그래서 그런지는 몰라도 현대인들이 입에 달고 사는 '피로회복'이라는 말을 어린 시절에는 들어본 기억이 별로 없다.

피로를 풀어주는 산업이 날로 번창하는 걸 보면 피로에 시달리는 사람들이 점점 더 늘어나기는 하는 모양이다. 찜질방, 사우나,

안마의자, 영양제, 피로회복제 등 피로를 풀기 위한 방법이 참 다양하다. 우리의 몸은 그저 간단하게 물 한 모금을 원하고 있거늘 본질을 벗어나도 한참이나 벗어나 있는 느낌을 지울 수가 없다.

그렇다면 물을 어떻게 먹는 것이 좋을까? 당연히 자연의 이치에 따라서 몸에 맞게 마시는 것이 좋다. 우선 물은 섭취된 음식물이 소화가 다 된 다음에 마셔야 한다. 즉, 물이 소화를 해치지 않는 상태를 지키는 것이 좋다. 왜냐하면, 순수한 상태의 물을 공급하는 것은 물이 각 부분으로 흡수가 잘되게 하는 일이기도 하지만, 물의 흡수를 도와주는 신장을 포함한 장기들을 보호하는 일이기에 그러하다.

여기에 물을 마시는 때와 더불어 적정한 물의 온도를 유지하는 것도 물을 잘 마시는 자세라고 할 수가 있다. 대부분 차가운 물을 마시게 되면 시원하고 상쾌하여 정신이 맑아지는 효과가 있어, 무심코 찬물을 들이키게 된다. 이러한 일이 잦으면 습관이 몸에 배게 된다. 그러니 차가운 것만 먹는 걸 당연한 듯이 하게 된다. 그러나 우리 몸은 차가운 음료가 몸에 들어와 체온이 내려가고 있으니 비상이다. 가지고 있는 에너지를 몸을 덥히는 쪽으로 쓰게 된다. 이러한 결과로 에너지의 불균형을 불러와 면역력의 일시적인 저하 상태를 초래하기도 한다. 그러므로 마시는 물의 온도는 상온 이상이거나 체온에 약간 못 미치는 정도의 온도가 적당하다.

물은 충분한 양을 마셔줘야 한다. 화분에 물을 줄 때 흠뻑 줘야 하는 것과 같다. 그래야 물이 피가 되고, 살이 되고, 몸속에 쌓인 각종 노폐물과 독소가 제대로 배출된다. 그러나 대체 음료에 길든 습관은 물의 참맛을 잊은 지 오래되었다. 물맛을 고사하고 물을 당기는 갈증마저도 잃어버렸는지도 모른다. 그러니 물을 충분히 섭취하는 일이 그리 쉽지만은 않다.

이것저것 마구 마셔댄 대체 음료수를 물이라고 여기며 대수롭지 않게 생각한다. 이로 인해서 몸이 망가지고 병이 생겼다는 생각은 하지 못한다. 물을 많이 마시는 방법은 대체 음료를 멀리하면서 물이 배고파서 내는 '갈증 알람'이 울리도록 해야 한다. 그래야 맛있게 충분한 양의 물을 마실 수가 있게 된다. 이렇게 충분히 공급된 물은 생명의 원천이 되어 우리 몸 구석구석으로 흘러 다니며 대지의 어머니 노릇을 한다.

봄은 물이 오르는 소리를 듣는 계절이다. 위로 흐른 물은 메마른 나뭇가지를 촉촉하게 적시며 생명의 창문을 두드려 준다. 물의 두드림에 새싹과 꽃망울은 기지개를 켜며 눈을 비벼댄다. 조용히 물이 들려주는 생명의 리듬에 귀를 기울여 보는 재미가 쏠쏠하다.

어수선하지만 그래도 봄은 어김없이 우리 앞에 왔다. 우리 몸에 봄의 개울물이 흐르는 소리로 기운을 북돋아 주면 어떨까 싶다. 피와 살이 되는 물을 잘 마시는 일은 돈을 버는 일이다. 그러니 돈 안 들이고 '물광 피부'를 갖고 싶거든, 물을 잘 마실 일이다.

대나무 숲

　　50일도 넘게 장마와 함께 동거하는 여름이다. 쏟아 부은 물 폭탄으로 피해가 이만저만이 아니다. 올해는 유난히 산사태가 많다. 순식간에 밀려 내려온 토사가 집을 덮치는 안타까운 일들이 속출하고 있다. 건설기술이 눈부시게 발전한 현대에서 이런 일을 겪어야 하는 것이 아이러니하기만 하다.

　토목 기술은 '불가능이란 없다'를 보여주려는 듯 눈부신 발전을 거듭하고 있다. 그 결과 땅의 형태를 바꾸는 일은 그리 어려운 일이 아니다. 그러니 자연의 흐름을 바꾸어 땅의 효용 가치를 높이는 것에 거부감이란 없다. 예전 같으면 감히 상상도 못 할 장소에 건축물이 들어서고 도로가 생겨난다. 땅의 가치에만 초점이 맞춰져 있다. 당연히 자연의 흐름 따위는 안중에도 없다.

　중장비가 없던 예전에는 사람의 힘과 가축의 힘을 빌린 게 전부였다. 그러니 땅의 모양을 따라 기대어 사는 걸 당연하게 여겼다. 집 지을 터를 잡을 때도 마찬가지였다.

맨 처음 지관을 불러 땅의 기운과 흐름을 살폈고, 나이가 많은 어르신들의 의견을 모았다. 오랜 세월에 걸쳐 그 터에서 일어났던 사계절의 데이터가 모였다. 당연히 땅의 위아래에 흐르는 물길과 골짜기를 타고 내려오는 바람의 길과 아침과 저녁으로 비치는 해님의 볕 길을 살폈다.

그런 연후에야 집은 지어진다. 이엉이 올려진 초가삼간이지만 자연의 순리에 맞춰진 집이다. 이렇게 지어진 집의 화룡점정은 대나무 숲이다. 산세가 좀 있다 싶은 집의 뒤편에는 꼭 대나무를 심고 가꾸게 하였다.

대나무는 단 1년만 성장을 하고 이후에는 비대생장과 수고 생장을 하지 않는다. 대신 영양분을 모두 뿌리로 내려보내 다음 세대를 준비한다. 그러므로 대나무는 뿌리가 강하고 단단하다. 오래 묵은 대나무 숲을 보면 다른 나무나 풀이 보이지 않는다. 햇빛이 차단된 이유도 있겠지만 더 큰 이유는 대나무의 뿌리가 빈틈없이 땅을 차지하고 단단하게 활착해서 그렇다. 그러니 산사태를 대비한 방책으로 이보다 더한 묘책은 없다. 예로부터 땅의 변고가 있으면 대나무 숲으로 피해야 한다고 한 것도 다 이런 연유에서다.

어린 시절 대나무 숲은 놀이터였다. 숨바꼭질할 때는 몸을 숨기는 명당 중의 명당이었다. 마을의 대나무 숲은 한두 곳이 아니다. 산의 밑자락에 자리한 집이면 뒤편에는 꼭 대나무 숲이 우거져 있었다. 게다가 숲이 얼마나 우거져 있는지 한낮에도 햇빛이 들지 않아 어두컴컴했다. 그러니 대나무 숲에 들어가 있으면 어지간해서는 찾아내기가 어려웠다.

대나무는 쓰임새가 무척 많다. 생활 도구를 만드는 재료가 된다. 아이들의 놀이도구를 만드는 재료로서도 손색이 없다. 마당을 쓰는 대빗자루, 밤을 따는 장대, 빨랫줄을 받치는 바지랑대, 물고기를 낚는 낚싯대로도 만들어진다. 울타리나 가축의 우리를 만드는 발로도 엮어진다. 활과 창으로 변신한다. 방패연의 뼈대인 머릿살, 허릿살, 장살, 중살이 되기도 한다. 어디 그뿐인가. 매, 난, 국, 죽 사군자 중의 하나이니, 그 운치야 더할 나위가 없다.

무더운 여름 대나무 숲에서 불어오는 사각사각 바람 소리는 듣기만 해도 냉장고다. 자연으로 귀의하는 사람이 많아지고 있다. 어쩌면 당연한 일이기는 하지만 스트레스에 시달려 도피하는 것처럼 보여 안쓰럽기도 하다. 하더라도 제발, 자연의 마음으로 행복하기만 하였으면 하는 바람이다. 대나무 숲이 들려주는 오케스트라의 웅장한 향연과 함께……

자연역행 재해

급격한 기후변화가 심상치를 않다. 위기라는 단어를 붙여도 전혀 어색하지 않다. 기후위기가 현실로 닥쳐왔다. 우리의 현실이 '뜨거워지는 냄비 속의 개구리'라는 걸 이제야 실감하는 것 같다.

국제적인 협력을 통해서 문제의식을 느끼고 대책을 마련한다고들 한다. 그렇다고 해서 서로의 얄팍한 아귀다툼만 있을 뿐이지, 별 뾰족한 방도를 찾으려 하는 것 같지도 않은 것이 현실이다.

언뜻 60여 년을 살아온 경험으로 비춰볼 때가 있다. 그때마다 한결같이 엄습하는 생각이 있다. 지구환경이 앞으로 100년이 보장되지 않을 수도 있겠다는 암울함이다. 지난 100년 동안에 인간이 지구 기후환경에 끼친 영향으로 봤을 때 그렇다는 이야기다.

태풍, 가뭄, 홍수, 지진, 화산 폭발, 해일 따위의 피할 수 없는 자연 현상으로 인하여 일어나는 재해를 '자연재해'라고 한다.

지금까지는 자연재해라는 말에 이견이나 거부감 따위는 없었다. 그러나 지금부터는 명확하게 그것의 구분을 지어야 할 필요가 생겼다. 그래야 냄비 속에서 삶아지는 걸 막지는 못해도 그나마 그 속도를 늦출 수가 있기 때문이다.

기후위기는 인간의 어리석음이 초래한 결과다. 기후위기가 닥친 상황에서 보면, 콕 짚어 자연재해라고 할 수 있는 자연 현상은 우주에서 날아오는 유성우와의 충돌에 불과하다. 그 외에 지진, 화산 폭발, 태풍, 가뭄, 홍수, 해일 등으로 발생한 피해는 더는 자연재해가 아니다. 그것들은 모두 '자연역행재해'라고 해야 타당하다. 타당성은 크게 2가지 정도만을 언급해 보더라도 그 설득력이 충분하다.

우선 발생하는 태풍, 가뭄, 홍수 등이 이제는 자연의 순환적 현상이 아닌 경우가 많다. 순환적인 자연 현상은 어느 정도는 예측과 대응을 할 수 있었다. 그러나 급격한 이상기후가 불러온 자연 현상은 예측과 대응이 불가한 영역이 되어 버렸다. 수만 년을 유지해온 동토층이 지구온난화의 영향으로 급격하게 줄어들고 있다. 무분별하게 에너지를 끌어다가 마구잡이로 소비하고 있는 탓이다. 예측할 수 없는 기후는 급격한 생태계의 변화와 더불어 지구에 존재하는 생명체의 생존을 심각하게 위협하고 있다. 이러한 이상기후의 주범은 100% 인간이다. 그러므로 이로 인해 발생한 재해는 당연히 '자연역행재해'라고 해야 옳다.

또 하나는 자연의 순리에 맞서는 걸 도전과 극복이라고 부르며 이런 일들을 아무런 거리낌 없이 자행하고 있다는 데 있다. 삶의 터전은 풍수와 지리에 근거하여 순리적으로 마련해야 한다. 그러나 인간은 이를 도외시한 채 무차별적으로 삶의 터전을 확장하였다. 그 결과는 참담하다. 해안가에 형성된 거대한 도시들이 지진해일로 인하여 여지없이 무너지는 결과가 이어지고 있다. 이것 또한 자연재해라고 보면 안 된다. 왜냐하면, 주변의 지형적인 여건은 무시한 채 외관과 전망, 편리성과 과시 등만을 내세운 까닭이기에 그렇다.

이뿐만이 아니다. '자연역행재해'는 지구의 여러 곳에서 다양하게 화산이 터지듯 이어져 발생하고 있다. 눈에 보이는 현상만으로는 부족하다.

코로나19라는 몸살로 지구촌이 그야말로 혹독하고 고단한 시간을 2년째 보내는 중이다. 아비규환의 상태라고 표현해도 지나치지 않다. 각 나라는 문을 걸어 잠근 채 해법을 찾느라 골머리를 태우고 있지만, 그 해결 방법은 그리 만만해 보이질 않는다. 코로나19와 기후환경이 무슨 상관이냐는 의견이 있을 수도 있다. 하지만 괴생명체는 인간들이 파괴한 지구환경의 변화 때문에 무대에 올려졌다는 것이 정설이다. 그러니 흔히 인간들의 표현대로라면 자연재해가 분명하다. 그러나 곰곰이 생각해 보면 그 원인의 제공자는 인간임이 드러난다. 그러니 이 또한 '자연역행재해'가 분명하다.

자연의 순리를 역행하여 초래한 지금의 현실은 단지 거대한 집단들만의 소행은 아니다. 이것은 지구인 모두가 벌인 만행이다. 그러므로 지구에 발은 붙이고 숨을 쉬고 인간 모두는 그 책임에서 벗어나기는 어렵다. 단순하게 하루 동안의 일상만 살펴봐도 그 심각한 현실을 인식하기에 부족함이 없다. 화장실에 간다. 전 등을 켰고, 물을 사용했다. 샴푸와 비누를 썼다. 수건으로 물기를 닦았다. 스킨과 로션을 발랐다. 거실과 주방에서…….

하여 앞으로는 '자연재해'를 '자연역행재해'라는 말로 바꾸는 걸 공식화했으면 하는 바람이다. 그래야 우리가 멋모르고 저지르게 되는, 자연을 역행하는 행위를 조금이나마 인식하게 되기에 그렇다.

재이용수 단상

　　새해 첫날이다. 내비치는 햇볕이 따사롭다. 아직은 봄기운이라 하기엔 겨울의 한가운데다. 두꺼운 양말을 찾아 신고 운동복 바지 속에는 내복을 받쳐 입었다. 귀마개에 장갑까지 갖췄으니 추위는 문제가 없겠다.

　고작 1시간 남짓 걷는 것이라서 운동이랄 것도 없다. 안양천을 따라 걷다가 삼막천과 삼성천으로 접어들어 안양예술공원 주차장과 김중업박물관을 돌아서 오는 길이다.

　바람이 없으니 한겨울이라고 해도 봄날과 다름이 없다. 마스크와 귀마개로 얼굴과 머리를 감쌌으니 더운 감이 든다. 귀마개를 벗어 손에 쥔다. 한결 시원하다. 마스크 속으로 상쾌한 공기가 훅하고 들어온다.

　오전 시간인데도 운동을 나온 사람들이 제법 많다. 자전거 라이더들의 바람을 가르고 달리는 모습이 힘차다. 안양천은 군데군데 얼음이 얼고 있다. 그늘진 곳에선 아이들이 얼음 위에 올라서서 놀고 있다. 안양대교 밑에 차려진 어르신들의 장기 두는 놀이 공간은 오늘따라 한가하다. 달달 커피와 계란빵을 파는 리어카 매점도 개점휴업이다. 연초이니 자식들이 왔을 터이다. 가족이 모여 휴일을 보내고 있는 모양이다.

안양천의 명물인 팔뚝만 한 잉어 떼들은 보이지를 않는다. 드문드문 짝을 지은 오리들만이 보일 뿐이다. 간혹 남쪽으로 이동해야 했을 백로 종류의 새들이 눈에 들어온다. 추운 겨울을 어떻게 나려는 것인지 염려가 된다. 녀석들이 이동하지 않고 눌러앉은 것은 이상기후 탓이거나 하천의 환경변화 영향일 수도 있겠다는 생각이 든다.

안양대교 밑에는 인공으로 조성된 징검다리가 있다. 징검다리는 일종의 보의 역할을 하고 있다. 이 영향으로 보 위쪽으로는 제법 수심도 깊고 수량도 항상 풍부한 편이다. 평소 이곳은 잉어가 떼를 지어 헤엄치는 모습이 장관이다. 간혹 잉어에게 먹이를 던져가며 즐기는 이들이 있다. 야생성을 상실할까 봐 먹이를 주지 말라는 안내문을 보지 못했거나 이를 무시하고 하는 행동일 터이다.

보의 하류에는 잉어들이 놓친 먹이를 차지하려는 오리들의 생존경쟁이 치열하다. 이런 풍광은 안양천을 걸으면 얻을 수 있는 보너스다. 이런 인프라와 풍광을 누릴 수 있다는 것은 행운이다. 특별히 갖추고 나서지 않아도 된다. 그저 간단하게 운동화만 신고 나서도 되니 번거롭지 않아서 좋다.

안양천이 이렇게 근사한 모습으로 바뀐 것은 많은 이의 노고의 결과물임이 분명하다. 안양천으로 연결된 각 지자체와 관계자들, 환경단체와 지킴이들, 그리고 시민들까지. 누구라고 할 것 없이 안양천을 살리고자 하는 애틋함이 만들어 낸 결과다.

안양천은 의왕, 군포, 안양, 광명을 거쳐 한강으로 흘러드는 꽤 긴 하천이다. 물의 원류를 백운산, 수리산, 삼성산, 청계산에 두고 있으니, 규모가 그리 만만하지가 않은 편이다. 그러나 애석하게도 큰 산을 서너 곳이나 두고 있으나, 수량이 그리 풍부한 편이 아니다.

삼성산은 물을 머금지를 못하는 바위산이라서 내리는 비를 그대로 내려보낸다. 하여 장마철에 보면 일시적인 소나기에도 안양천의 물은 급격히 불었다가는 금세 줄어드는 모습을 보인다. 수리산은 그 규모가 작다. 그마저도 군포, 안산으로 분산되니 물이 많은 편이 못 된다. 그래도 나은 것은 백운산뿐이다. 백운호수로 흘러든 물이 꽤 된다. 하지만 안양천의 갈수기를 채워주기엔 역부족이다. 이런 지리적인 조건을 가진 안양천이다 보니 몸살이 이만저만이 아니다.

급격한 산업발전은 그 퇴적물을 하천으로 흘러들게 했다. 그 여파로 한동안 하천은 시커먼 오염 덩어리와 악취가 진동한 채 썩어들었다. 안양천도 예외일 수 없었다. 하수시설이 변변치 않았던 시절이니, 산업현장의 폐수와 생활하수는 그대로 안양천으로 흘러들었을 것이 분명하다. 말 그대로 버려진 하천, 처치 곤란의 퇴물로 전락하여 고립무원의 공간으로 한 시대를 보냈다고 봐야 한다.

복원을 준비하던 당시, 수량이 부족한 안양천을 되살리는 것은 불가능에 가까운 일이었는지도 모른다. 복원한다고 한들 갈수기에 수량이 줄면 어찌할 도리가 없다. 하천은 그야말로 악취가 풍

철부지의 삶, 개똥철학이 있어 좋다

기는 산업폐수와 생활하수만이 흘러내리는 하수도로 전락하고 만다.

안양천을 되살리는 길은 복원된 청계천처럼 한강 물을 끌어 올리거나 담수를 이용하는 방법뿐이다.

대략 난감, 안양천을 되살리는 일은 애틋함만 있다고 되는 일이 아니었다. 크게 두 가지 선결과제를 해결해야만 했다. 산업폐수와 생활하수의 유입을 막아야 했고, 유량을 일정하게 유지해야 하는 난제였다.

해결의 실마리는 역발상이었다. 오염원인 산업폐수와 생활하수를 별도 분리하여 정화하는 방법이다. 오염원도 제거하고 부족한 수량도 확보되는 일거양득의 방법이다. 이런 묘책으로 안양천은 되살려진다.

현재 안양천 변에는 박달하수처리장과 석수하수처리장이 가동되고 있다. 안양천으로 흘러들던 하수는 별도의 하수관로를 타고 두 곳의 하수처리장으로 모인다. 이렇게 모인 오염된 하수는 여과 과정을 거쳐 맑은 물로 재탄생 된다. 일 60만 톤의 하수가 처리된다고 하니, 그 규모가 대단하다.

환골탈태, 현재 악취 나던 하수는 맑은 물로 재탄생되어 안양천을 흐르고 있다. 고도처리공법으로 처리되어, 영양염류인 질소와 인이 제거된 수만 톤의 처리 수는 안양천 상류와 지천인 학의천 상류, 삼막천 상류, 삼성천 상류로 이송되어 안양천으로 방류된다. 여기에 지하철 4호선에서 배출되는 용출수가 더해진다.

안양천 유역의 100만이 넘은 인구가 사용하는 생활용수와 산업현장의 공업용수는 한강에서 끌어왔을 터이다. 그러니 엄밀히 따지면 안양천의 생태복원은 한강 물이 한몫한 셈이 된다고 봐도 무리는 아닐 듯하다.

이런 우여곡절과 환골탈태 끝에 새롭게 태어난 안양천이다. 소중하게 보살피고 가꿔야 하는 것은 당연하다. 돌 하나 풀 한 포기도 소홀히 다뤄서는 곤란하다.

안양천 본류를 벗어나 삼성천으로 올라가는 길은 느낌이 다르다. 하천의 폭이 좁아진 탓에 물살이 제법 거칠고 유속도 빠르다. 게다가 물 흐름이 내는 소리가 꽤 경쾌하여 걷는 기분이 한층 더 좋게 느껴진다.

"다른 곳은 다 얼었는데 왜 여기는 물이 얼지 않는 거죠?"
"글쎄?"
부부로 보이는 분들이 대화하며 지나간다. 세워 놓고 가르쳐 주고 싶은 생각이 간절했다.

'바로 위쪽에 있는 배출구를 통하여 하수처리장에서 정화 처리된 재이용수가 방류되는데 수온이 조금 높은 편입니다.
그리고 방류량이 제법 많고 유속도 상당해서 어지간히 추워서는 얼지 않는 겁니다.'

하천제방 벽에 붙은 안내문이 시야에 들어온다.

동 하천 구간은 건천화 방지를 위한 재이용수(여과수)가 방류되는 구간이오니, 하천 이용에 유의하시기 바랍니다.

안양시청 하천관리과

사람들은 무슨 안내문인지 좀 헷갈리는 모양이다. 아니면 아예 관심이 없거나. 지난여름에도 보면 꽤 많은 피서객이 하천에 들어가 물놀이는 즐기곤 하였었다. 최대한 정성을 들여 처리는 깨끗한 물이니, 별 탈은 없을 터이다. 그래도 하수처리장에서 배출된 용수이다 보니, 어린아이들까지 이 물에 들어가 노는 것이 어쩐지 꺼림칙하기는 하다.

안타까움에 지날 때마다 정황을 설명해 주곤 했다. 그러나 너무 많은 사람이 그러고들 있으니, 매번 설명하기도 번잡하여 멈추게 되었다. 하긴 불볕더위에 맑디맑은 깨끗한 물줄기의 유혹에 흔들리지 않기란 힘들다.

물은 냄새도 전혀 없고 색깔도 맑다. 삼성산 기슭에서 흘러내리는 물과 하나도 다르지 않으니, 오해할 만도 하다. 그래도 이왕 안내할 바엔 오해가 없도록 확실하게 인지가 되도록 해주길 바라본다.

지금 동 하천으로 흐르는 물은 석수하수처리장에서 하수를 정화하여 배출한 재이용수(여과수)입니다. 재이용수 방류는 안양천의 물길을 살려 생태계를 보존하기 위한 것입니다. 하여 물놀이를 하기엔 부적합하오니, 삼가 주시기 바랍니다.

안양시청 하천관리과

저작

타고난 체력이 강하지 않아 음식을 조심해서 먹는 편이다. 그러나 직장생활을 오래 하다 보니, 점점 빨리 먹는 게 습관이 되어 버렸다. 게다가 포만감 때문인지 먹는 양도 많이 늘어난 느낌이다.

밖에서 먹을 때는 이런 실상을 느끼지 못한다. 그러나 집에서 아내와 식사하게 되면 금방 알게 된다. 나의 식사량에 비하여 아내의 식사량은 3분의 1 정도로 적다. 이런 차이에도 식사 시간이 아내와 비교하면 절반에도 미치질 못한다. 아내가 식사를 반밖에 하지 않은 시점에서 번번이 식사를 마치곤 한다.

빨리 먹으니 저작이 제대로 될 리가 없다. 아내의 핀잔에 멈칫하고 속도를 늦춰 보지만 금세 빨라지길 반복하곤 한다. 다행히 천성적으로 식탐이 많은 편이 아니다. 그렇지 않았으면 여러 부작용이 나타났을 것이 분명하다. 그래도 전과 비교하면 불룩하게 솟아오른 배가 그리 좋아 보이지만은 않다.

철부지의 삶, 개똥철학이 있어 좋다

한번은 배탈로 무척 고생한 적이 있다. 밖에서 먹은 점심이 문제였다. 중국 음식이었는데, 먹방에 나올 법한 음식이었다. 평소에 즐기는 음식은 아니었지만, 추천 음식이었기에 선택했다. 왜 그랬는지 젓가락을 대는 순간, 마법에 걸린 듯 먹방에 등장한 사람처럼 먹어 보려는 과욕이 일었다. 멋스러운 먹방은 저작을 건너뛰는 것이 기본이다. 당연히 저작이 제대로 되었을 리가 만무하다.

오후 내내 더부룩한 상태로 있다가 퇴근하였고, 저녁은 먹는 둥 마는 둥 시늉만 냈다. 더부룩함은 가시질 않았고 통증이 동반되었다. 약으로도 복통은 가라앉질 않았고 밤을 꼬박 새우다시피 했다. 다행히 아침 무렵 통증은 가셨다. 그래도 얼마나 놀랐는지 배고픈 줄도 모르고 만 하루 동안 금식했다.

금식 후 첫 끼니는 누룽지 미음을 먹었는데, 양도 적었지만 아주 천천히 신중하게 저작하며 먹었다. 식사 시간이 아내보다도 더 길었으니, 무척 신경을 쓴 식사임에 틀림이 없다. 오랜만에 오롯이 저작에만 집중하는 식사였다. 간단한 음식이었지만 제대로 음식의 맛을 음미할 수가 있었다.

저작이라고 하면 생소하게 들린다. 저작은 쉽게 말해 입에 음식을 넣고 씹는 것을 뜻한다. 저작은 섭취한 음식물을 잘게 부숴 주는 동시에 소화액과 잘 섞이게 하는 활동이다. 저작이 잘 이루어진 음식물이라야 소화기관에서 부담 없이 소화하게 된다.

저작은 건강에 중요한 역할을 담당한다. 그래서 치아 건강을 오복 중의 하나라고 말할 정도다. 이렇게 보면 수명이 급격하게 늘어난 것이 치과의료 기술의 발전과 무관하지 않음을 알 수가 있다. 점점 발전한 치과 기술은 과거에는 생각하지도 못할 정도로 건강하게 치아를 유지해 주고 있다. 그러니 나이가 들어서도 음식물을 섭취하는 데 아무런 제약을 받지 않게 되었다.

제대로 된 저작은 일석사조 그 이상의 효과를 가져온다. 저작을 통해서 인생에 커다란 전환점을 맞이할 수도 있다. 저작은 정신건강에 아주 유용한 운동법이다. 명상에 견주어도 절대 뒤지지 않을지도 모른다. 명상은 정신을 차리는 심신 수련법이다. 정신을 차린다는 것은 의식이 자기의 마음속이 아닌 '지금 여기'를 의식하고 있음을 말한다.

음식을 먹을 때, 저작하고 있다는 것을 놓치지 않고 의식하게 되면 머리가 맑아지고 개운해진다. 복잡한 마음에서 벗어났기 때문이다. 아주 훌륭한 정신운동이 아닐 수가 없다. 시간을 따로 내서 하지 않아도 된다. 돈이 드는 것도 아니다.

다만, 한두 가지 주변을 정돈할 필요는 있다. 텔레비전이 켜져 있다든지, 핸드폰을 손에 들고 있어서는 곤란하다. 또한, 책과 신문을 보는 것도 금물이다. 오로지 식사하는 것에만 집중하는 것이 중요하다. 그래야 양상추, 파프리카, 오이, 당근 등 신선한 채소를 씹는 사각사각 경쾌한 소리가 들려온다. 들어보면 안다. 60조 개 세포의 집합체인 몸이라는 사운드플레이어가 들려주는 오케스트라의 향연이 얼마나 장엄한지를.

저작은 장 건강을 위한 최고의 운동이다. 영향섭취는 음식의 양에 있지 않다. 천천히 오래 씹는 것과 관계가 있다. 당연히 적게

철부지의 삶, 개똥철학이 있어 좋다

먹어도 영양 섭취가 충분하다. 최고의 다이어트법이라 할 만하다. 그러니 균형 잡힌 몸매를 갖고 싶거든 저작에 집중할 일이다.

저작은 작지만 큰 환경운동이다. 저작에 집중하게 되면 먹는 양이 적어진다. 섭취량이 적으니 적게 배출한다. 배출량이 줄어드니, 분뇨처리에서 오는 환경오염에 대한 부담도 적어진다. 화장실문화의 발전이 좋기는 하지만 자연친화적이지는 않다. 배출의 즐거움이라고는 하지만, 그 처리 과정 또한 복잡하고 다난하다. 분뇨는 처리에 앞서 배출량을 줄이는 것이 우선이다. 그러므로 올바른 저작이 환경운동에 이바지하는 바가 절대 작지만은 않을 듯하다.

저작은 또한 가장 자연스럽게 나눔을 실천하는 방법의 하나가 될 수도 있다. 빈곤과 풍요는 부족에서 비롯된 문제가 아니다. 문제는 균형 잡힌 분배와 나눔 그리고 절제가 조화롭지 않아서 생긴 부조화라고 보는 것이 타당하다. 이런 측면에서 저작에서 비롯된 소식이 나눔 실천 운동일 수도 있겠다는 생각이다.

오래전 어머니께서 실천하던 절미운동이 떠오른다. 쌀통에서 밥 지을 양만큼 쌀을 가져와서는 쌀을 씻기 전, 한 움큼을 덜어내 따로 모으셨다. 그렇게 모아진 쌀은 어려운 이웃이 오면 전해주시곤 했던 기억이다. 덜어지는 양을 보면 밥 먹는 식구들이 한 숟가락씩 덜어낸 정도였다. 옛 어른들은 소신껏 지혜롭게 나눔을 실천하였던 것 같다.

굳이 나눔이라는 표현을 빌리지 않아도 된다. 소식을 실천하는 것만으로도 자연스럽게 분배되는 것이 세상의 이치다. 나만 배불리 먹겠다는 욕심을 부리지 않으면 된다. 아니 아무런 생각 없이 저작에만 집중하면 그만이다. 하나도 어려울 일도 번거로운 일도 아니다. 과잉 섭취가 원인인 현대병은 이런 간단한 실천만으로도 쉽게 벗어날 수 있다. 습관이 될 때까지 꾸준하게 실천해 봄 직하다.

60줄에 들어서서 저작을 새로 배웠으니, 배탈이 나게 된 것을 감사하게 생겼다. 저작이 정신건강 운동, 장 건강 운동, 환경운동, 나눔 운동임을 충분히 자각했다. 이제부터는 저작에 소홀함이 없도록 식사에 임하는 자세를 새로이 할 참이다.

단비

　　제법 굵은 나무들도 목마름에 힘겨워 잎이
말라가고 있다. 하천의 물길은 멈췄고, 드러난 저수지의 바닥은
거북이 등처럼 갈라졌다. 지난겨울에도 눈다운 눈이 없었을 뿐더
러 봄에도 비다운 비는 없었다.

　예년과 비교하면 턱없이 부족한 강수량이란다. 밭작물 피해가
만만치 않은 모양이다. 가뜩이나 물가의 오름세가 심상치 않은
마당에 농산물 가격까지 이에 가세할 모양새다. 시골에서 나고
자라서 가뭄을 체득한 사람으로서 내심 가뭄 상황이 걱정되던
차다.

　현충일 아침 시원스러운 단비가 내리고 있다. 호국영령을 추모
라도 하는 듯 제법 굵은 빗줄기가 메마른 대지를 적셔 주고 있다.
그러나 비는 국립현충원에서 치러지고 있는 현충일 추념식이 진
행되는 중간에 그치고 말았다. 내린 비는 땅속으로 흘러들 틈도
없이 말라 버린듯하다. 아쉬움을 뒤로한 채 또다시 하늘의 처분
을 기다리는 수밖에 달리 뾰족한 방법이 없다.

시골에서 나고 자라 이런 심각한 가뭄 상황을 겪어 본 사람은 다 안다. 볼거리로 심어 놓은 안양천 보리밭의 상태를 보면서 가뭄이 심상치가 않다는 것을 직감했다. 보리는 청보리 상태를 유지하며 한동안 여물어야 한다. 그런데 어쩐 일인지 보리밭이 금세 누렇게 변하더니 추수할 상태가 되어 버렸다. 이삭의 상태가 궁금하여 몇 알을 흩어봤다. 낟알도 실하지 못할뿐더러 자잘한 것이 보리쌀이 되기에는 미숙했다.

무심한 도시 사람들은 청보리밭에서 좋아하며 사진기를 들이대던 때와 마찬가지로 누렇게 변한 보리밭 정취에 인증 샷을 하느라 여념이 없는 모습이다. 심각한 가뭄 상황을 전혀 모르고 있는 듯하다.

안양천은 하수를 정수하여 다시 내려보내고 있다. 덕분에 그런대로 유량이 유지되고 있다. 더구나 시내 곳곳에 분수대가 물을 뿜고 가정에서도 수돗물이 펑펑 나오고 있어 불편함이 전혀 없다. 그러니 도시에 사는 사람들은 가뭄이 온 줄도 모를뿐더러 그 심각한 상황을 모르는 것이 당연하다. 그렇더라도 나를 포함한 도시에서 삶을 꾸리고 있는 사람들의 무신경이 야속하고 얄밉다.

예전에도 가뭄은 있었다. 하지만 가뭄을 비롯한 현재 벌어지고 있는 자연의 흐름은 예사롭지가 않다. 겨울을 나던 꿀벌의 폐사와 실종, 경계가 무너지는 4계절의 흐름, 작물 재배한계선의 북상, 강수량의 급격한 변화 등의 상황만 보더라도 그렇다. 그러나 지구대기권의 변화에 무신경하게 적응해가는 인간들의 모습은 냄비 속의 개구리와 하나도 다르지 않은 모습이다. 앞으로 불어닥칠 위기를 어떻게 감당할지 심히 우려스럽다.

초등학교 고학년 무렵으로 기억된다. 그해 봄부터 시작된 가뭄은 대단했다. 파도가 바다에서처럼 넘실대던 저수지는 풀이 자라나 드넓은 초원으로 변했다. 밭농사는 포기한 지가 오래다. 그래도 논에 심어 놓은 벼는 살려보겠다고 연일 고군분투하는 중이다. 저수지 상류는 한 방울의 물이라도 더 확보해 보겠다고 실낱같은 물줄기를 찾아다닌 흔적들이 무리 지어 기어가는 뱀들의 향연처럼 펼쳐졌다.

밭에 심어 놓은 고구마 순, 모종판에서 옮겨진 들깨 모종, 싹이 나오고 있던 콩과 땅콩, 파릇파릇 키를 키우던 고추, 참외와 수박 넝쿨 등은 뿌리를 잡기도 전에 전부 말라비틀어졌다. 망연자실 푹푹 내쉬는 어른들의 한숨 소리가 여기저기서 절절하게 들려왔다. 그래도 관개시설이 미치는 논은 모내기를 마친 상황이다. 하지만 그렇지 못한 천수답은 언감생심 하늘만 바라봐야 하는 신세이니 답답하기만 할 뿐 별다른 방법은 없다.

땀 흘려 일하거나 운동을 한 후, 심한 목마름에 마시는 물은 달다. 갈증을 달래주었으니 달지 않을 이유가 없다. 그래서 오랜 가뭄 끝에 내리는 시원한 빗줄기를 단비라고 한다. 그해 가뭄은 고단하고 길었다.

마침내 단비가 내려 타들어 가는 대지를 적셨다. 1년 농사를 폐농하게 생겼으니 얼마나 애간장을 태웠을까? 가족의 생계가 달린 문제이니 더 그랬을 것이다. 단비에 해갈을 간절하게 기다려온 어른들은 가슴을 쓸어내렸다. 늦었지만 이렇게라도 내려 준 단비가 아주 고맙다. 모두 내려놨던 삽과 호미를 다시 잡고 내리는 비를 아랑곳하지 않고 들로 나간다.

줄기차게 내리는 단비는 금세 개울을 채우고 넘실대며 흐른다. 애간장을 태운 물이기에 소중하다. 물꼬를 트고, 물길을 내고, 논에 물을 대고, 논두렁을 매만진다. 천수답은 늦은 모내기를 하느라 분주하다. 촉촉하게 적셔진 밭고랑에도 생기가 돈다. 들깨 모종이 옮겨지고, 고구마 순도 자리를 잡는다.

바지런하셨던 어머니도 예외는 아니셨다. 호미에 달라붙는 흙을 연신 털어내며 들깨를 옮겨 심느라 여념이 없다. "늦어서 먹을 수나 있을는지 모르겠다." 연신 말씀하시는 모습을 떠올려 보면, 어머니가 자연에 올리는 간절한 기도였지 싶다. "한 톨이라도 열매를 맺어 여물게 해주십시오." 하는.

단비와 동시에 어른들의 애를 태우던 가뭄은 언제 그랬느냐는 듯 금세 잊혔다. 천수답의 모는 자리를 잡고 어엿한 벼의 자태를 뽐내고 있다. 들깨, 고구마, 땅콩과 콩, 고추, 수박과 참외도 뿌리를 잡고는 몸살 한번 없이 쑥쑥 솟구치기에 여념이 없다. 농심은 천심이라 했다. 농부들은 안다. 노력하고 기다리면 된다는 것을.

기억을 더듬어 보면 여름은 어른들이 펼치는 몇 번의 천렵과 징, 장구, 꽹과리, 북이 어우러진 질펀한 농악과 함께 익어갔었지 싶다. 그 술추렴과 추임새는 가뭄으로 녹았던 가슴에 새살을 덧대어 줬고, 하늘에 올리는 농부들의 간절한 바람을 천지신명께 실어 날랐으리라. 그렇게 난장처럼 치러진 봄날과 여름날의 추억이 저물며 가을의 문턱에 다다른다.

늦장가에 떡두꺼비 같은 아들과 눈에 넣어도 아프지 않을 공주를 얻는 것처럼 예년 못지않은 알곡들이 여물어 고개를 숙였다. 개중에 틔는 이삭은 어찌나 잘 여물었는지, 그 끝이 땅에 닿아 있을 정도다.

먹을 수는 있을지 모르겠다며 무심히 심어졌던 고구마는 얼마나 그득하게 들어앉았는지, 두둑이 갈라진 곳도 더러 보인다. 보드라운 흙을 걷어내면 뽀얀 자태를 드러내며 주렁주렁 고구마가 달려 나왔다. 가뭄과 몇 개의 크고 작은 태풍과 천둥 번개와 비바람과 간절한 바람이 보태진 결실들이다.

수확된 고구마는 윗방 한쪽 구석에 수숫대로 만든 고구마 광에 저장된다. 겨우내 어머니의 정성으로 쪄내 저 가족의 주전부리가 될 것이다.

여물어 수확된 들깨와 참깨는 세척과 건조과정을 거쳐 고소한 들기름과 참기름이 된다. 정성스레 만들어진 기름병들은 들고나는 형제자매와 자식들의 손에 들려 고향을 떠나 각지로 흩어진다. 어머니는 그 들기름과 참기름의 고소함 속에 무엇을 담으려 그 애를 쓰셨는지, 가늠하기가 어렵지 않다. 부디 모두 무탈하게 그 고소한 향을 품으며 행복하기만을 빌었을 것이 분명하다.

요즘처럼 개 팔자가 상팔자인 세상도 없을 것이다. 한편으로 사람에게 치인 마음을 개를 통해서 달래고 있다는 생각에 무척 속상하고 씁쓸하기가 그지없다. 어쩌다가 이 지경까지 이르렀는지 모르겠다. 개 엄마, 개 아빠, 개 언니, 개 형 등 견인 동체지간이 되어 촌수를 헤아리고 있다. 산책하다 보면 유모차가 꽤 많다. 그러나 아이를 태운 유모차는 몇 없다. 예외 없이 아이가 타고 있어야 할 유모차에는 연로하신 개님들이 타고 있다. 개 어르신 바람을 쐬어 드리는 모습들이다.

수년 전부터는 접두어로 개 자를 붙이는 게 아이들 사이에서 유행이다. 본질을 확 와닿게 강조하려는 의도로 재미 삼아 붙이다 보니, 이제는 버젓이 표준말처럼 자리를 허용하는 분위기다. 이를 반영하듯 어느 대권후보였던 정치인의 팬덤들을 부르는 이름이 개딸이란다. 개혁 딸의 줄임말이라고는 하지만 어감이 참 별로다.

접두어 개는 예외적으로 개망신, 개차반 등 심하거나 과하다는 걸 드러내는 것으로 사용되기도 했다. 그러나 대개는 개살구, 개꿈, 개죽음, 개차반 등 원래 개 자가 붙는 의미는 좀 하찮고, 질이 떨어지고, 헛되거나 쓸모없다는 것을 강조하기 위한 것이다. 그런데 아이들은 무조건으로 접두어 '개'를 사용하는 것에 거리낌이 없다. 개이득, 개귀염, 개웃음, 개기쁨, 개망함, 개재미, 개혼남, 개훈미, 개열심……. 처음엔 도대체 무슨 소리를 하는지 갸우뚱했다.

의도야 어쨌든 접두어 '개'가 붙은 단어들은 어느덧 표준어에 버금가게 자리를 잡아가고 있는 느낌이다. 이를 탓하거나 제지하고자 해서 말하는 것은 아니다. 단지 개가 가족의 한 구성으로 자리를 잡아가고 있는 것에 덧붙여 일상의 아름다운 우리말에까지 좀 예쁘지 않게 다가오는 것이 씁쓸해서 하는 말이다.

단비를 맞으며 든 생각이 있다. '개' 대신 '단'이었으면 얼마나 좋았을까? 단내, 단잠, 단짝 등 참 정감 있게 다가오는 우리말이다. 저절로 힐링이 되는 느낌이다. 그렇지 않아도 치열한 경쟁으로 힘들어하는 아이들이다. 그러한 상황에서 힘들다는 표현을 이런 식으로 표출해낸 것은 아닌지 싶어 바라보는 선배로서 안타깝기는 하다.

말이 씨가 된다고 하였다. 개를 족보에 올리고, 게다가 개 타령만 하다간 정말로 개만도 못한 인간들이 될까 두렵다.

흡족하지는 않지만, 간간이 내린 비가 모여 단비로서의 체면은 세웠다. 밭작물들이 다시 자리를 잡고 용트림할 만하다고 한다. 누렇게 변한 보리에는 좀 늦은 감이 있다. 하지만 단비에 젖어 든 마늘과 감자와 강낭콩은 품은 알을 좀 더 키워 낼 것이다. 고구마는 뿌리를 잡을 것이고, 고추는 쑥쑥 키를 곧추세울 것이다. 이렇게 내린 비는 목마른 생명체들의 갈증을 달래주고 있기에 단비라 부른 모양이다.

6월 중순에 접어들었다. 벌써 30도를 웃도는 더위가 찾아왔다. 일부 지방은 열대야에 잠을 설친다는 뉴스가 흘러나오고 있다. 계절로 봐서는 7월 중하순쯤의 날씨다. 정상적인 기후가 아닌 것이 분명하다. 이상기후는 인간이 만들어 내고 있다는 것에 다들 이견이 없다.

이상한 결과는 이상한 짓이 있었기에 나타나는 현상이다. 알았으면 그 짓을 멈춰야 하는 것이 인지상정이다. 그러나 어리석은 인간은 전혀 멈출 생각이 없다.

제발, 목마른 대지의 갈증을 확 풀어주는 단비처럼 인간들이 기후 위기에 정신을 차리고 있다는 단소식(?)이 세상 곳곳에서 들려왔으면 하는 단바람(?)을 가져본다. 그러나 그 바람과는 아직 거리가 먼듯하다.

열어 놓은 창문을 통해 들려오는 소리는 요란한 차량의 소음뿐이다. 때 이른 무더위가 기승을 부리는 6월 중순의 아침, 오늘도 바람 한 점 없다.

철부지의 삶, 개똥철학이 있어 좋다

얼음이 트는 소리

　　　　　찌정 찌정 예리한 칼날이 부딪치는 것 같
은 날카로운 소리는 칠흑의 어둠을 뚫고 들려온다. 소리는 따뜻
한 솜이불 속에서도 섬뜩함으로 다가왔다. 매우 무서웠는지 아버
지의 품을 파고들었다. 소리는 구들장이 식어 냉기가 올라오는
새벽녘쯤, 동이 트고서야 멈췄다. 소리의 정체는 한겨울 꽁꽁 얼
어붙은 저수지의 얼음이 트는 소리다.

　어릴 적 겨울은 참 많이도 추웠던 기억이다. 하긴 입성이라고
해봐야 나일론 솜이 들어간 누비 잠바 하나가 전부였으니, 지금
과는 비교가 되질 않던 시절이다. 그래도 추위 따위는 아랑곳하
지 않고, 온종일 들로 산으로 잘도 돌아다녔다.
　어른들이 땔감을 준비하고, 이엉을 엮어 지붕을 새로 덮는 등
월동준비를 하는 동안, 아이들도 분주하게 겨울 채비를 했다.
　팽이를 반듯하게 깎아 뾰족한 부분에 쇠구슬을 박았다. 팽이채
는 나무막대 끝에 닥나무 껍질을 단단히 동여매고 잘게 갈라 물에

적시고 주춧돌에 치대어 부드럽게 만든다. 아버지를 졸라 썰매와 참새 덫도 준비한다. 썰매는 빠르기가 남다른 외발도 있고, 안정감이 돋보이는 두 발 썰매도 있다. 아버지는 넘어지면 위험하다고 두 발 썰매만을 고집하셨기에 외발 썰매가 항상 부러웠다.

덧붙여 아버지는 참새 덫도 두어 개 준비해 주셨다. 참새 덫은 손목 굵기만 한 나무를 활모양으로 구부려 여러 가닥의 새끼줄로 고정한다. 손가락 굵기만 한 나무를 부채모양으로 만들어 가는 새끼줄로 촘촘히 망사 뜨개질하여 덫 채를 만든다. 덫 채의 중앙에는 미끼를 달아매는 용도와 덫 채를 고정하는 용도로 가는 대나무 토막에 홈을 파서 달아맨다. 만들어진 덫 채를 새끼줄에 끼워 여러 번 반복해서 돌려 탄성이 생기도록 한다. 짚을 엮어 발판을 만들어 활 밑에 깔고 고정한다. 긴 나무막대는 활을 가로질러 발판 밑에 덧댄다. 뾰족하게 깎은 대나무 송곳을 가로지른 막대 끝에 줄로 연결한다. 이렇게 만들어진 참새 덫은 덫 채를 들어 올리고 대나무 송곳으로 대나무 홈에 꽂으면 설치가 된다.

이런 겨울 채비만 있으면 겨울은 지루할 틈도 한눈을 팔 겨를도 없었다. 두어 곳, 참새가 잘 오는 곳에 벼 이삭을 미끼로 해서 참새 덫을 설치한다. 저수지 얼음판에 도착해서 신이 나게 썰매도 타고 팽이도 돌리고 나면 한나절이 훌쩍 지나간다. 집으로 돌아오는 길에 참새 덫을 확인해 보면 여지없이 참새가 한두 마리씩 포획되어 있었다.

겨울날의 압권은 뭐니 뭐니 해도 망망대해처럼 펼쳐진 둘레가 100여 리나 되는 저수지의 얼음판을 종횡무진 질주하는 것이다. 겨울의 참맛이 물씬 풍기는 정경이다. 서울에 가서 본 영등포 근처

스케이트장은 감흥이 전혀 없었다. 논에 물을 가둬 만든 아이들이 꽉 차게 모여든 스케이트장에선 제대로 된 맛이 날 리가 없다.

저수지의 얼음은 12월부터 얼기 시작하여 2월까지 얼기를 거듭하다가 설을 전후해서 서서히 해빙을 맞이한다. 그러므로 우리의 놀이터가 열리는 기간은 길어야 한두 달이다.

만수위 저수지의 깊이는 족히 3~5m는 되니, 얼음판에 들어가는 것은 위험하다. 어른들은 각별한 주의를 기울였다. 얼음이 단단해질 때까지는 어른들의 눈치를 봐가며 몰래몰래 스릴을 즐겼다. 마음 놓고 얼음판에 들어가는 때는 어른들이 마차를 끌고 들어가도 될 만큼 얼음판이 단단해졌다는 선언을 한 이후다. 이때부터는 아무런 제약이 없다. 눈치를 볼 일도 눈치를 주지도 않는다. 다만, 군데군데 뚫려있는 숨구멍을 조심해야 한다는 당부는 받았다.

이때부터가 태초의 소리를 듣는 시기다. 드넓은 저수지를 가로질러 꽁꽁 언 얼음판이 갈라진다. 이렇게 얼음이 트는 소리는 가히 압권이다. 길게 내달려 들려오는 소리는 흡사 여름날 소나기를 몰고 오는 천둥 치는 소리와 닮았다. 얼음이 트는 소리는 호수의 면적이 넓고 깊어야 제맛이 우러난다. 그래야 진한 사골국물처럼 구수하고 깊은 맛이 난다. 소리는 흡사 웅장한 대형 북이 첫소리를 내뿜는 것과 비견된다.

기억으로 얼음이 트는 소리가 유난히 맑고 청량하게 울려 퍼졌던 날은 몹시도 춥고 문풍지도 유난히 울어댔던 밤이다. 그런 날 아침은 세수하고 방으로 들어오기 위해 물이 묻은 손으로 문고리를 잡으면 문고리에 손이 쩍쩍 달라붙었다.

저수지에 나가서 얼음판을 살펴보면 이쪽 가장자리에서 반대편 가장자리로 발이 들어갈 정도의 틈이 벌어져 있었다. 어느 때는 갈라져 있던 두 얼음판이 충돌을 일으켜 얼음 산맥을 만들어 놓기도 했다. 까마득하게 펼쳐진 장엄한 얼음판 위에 서서 이러한 정경을 바라보고 있노라면 흡사 지구의 태초와 만나는 느낌을 받곤 하였다.

어릴 적, 이러한 경외감 속에서 들었던 그 소리는 돌이켜 보면 아주 순수한 자연의 소리였지 싶다. 이렇게 인공이 가미되지 않은 온전한 우주의 소리를 듣는 것은 경이로운 일이다. 이 태초의 소리는 정화의 시간을 갖게 하여 나의 본질과 만나게 한다. 얼음의 본질은 물이다. 그러므로 얼음이 트는 소리는 물의 소리다. 어쩌면 얼음이 트는 소리는 우리의 내면에 차오르는 탐욕을 씻어내는 세례식인지도 모를 일이다.

가뭄으로 대지가 타들어 가는 여름의 초입에 아주 오래전의 소리가 왜 나를 깨웠는지 모르겠다. 이것은 본질을 향한 초발심이 흔들려서는 안 된다는 게시임이 분명하다. 게을러지지 말라는, 시류에 편승하지 말라는, 탐욕에 물들지 말라는, 목적한 바를 놓치지 말라는…….

그러나 아쉽게도 더는 얼음이 트는 소리를 들을 수가 없겠다는 불길함이 많이 엄습한다. 그저 단순한 예감이 아니다. 이것은 일상의 나태함과 편리함만을 추구하는 생활방식과 무관하지 않다. 나의 이런 오만한 생활은 지구온난화의 주범이 되기에 부족하지 않다.

온 듯 안 온 듯, 슬쩍슬쩍 넘어간, 겨울 같지 않은 겨울이 몇 번째인지 모른다. 따뜻한 남쪽으로 피한했어야 할 철새무리들이 한겨울에도 텃새처럼 하천의 여기저기에서 노는 모습이 이제는 전혀 낯설지 않다.

20~30년 전이라면 상상할 수 없는 충청도 충주 사과와 강원도 양구 사과의 판매 경쟁이 벌어져도 아무렇지도 않다. 무신경한 것도 같고, 포기한 것도 같다. 그렇지 않고서야 이리 담담하기는 어렵다. 제아무리 아집 덩어리들이라지만 엄습해 오는 귀결을 보고만 있을 수는 없을 텐데 말이다.

최후의 만찬 내지는 마지막 불꽃을 태우고 있는 것과 별반 다르지 않은 나를 포함한 우리 지구 인간들의 모습에 소름이 돋는다. 과연 태초의 울림인 얼음 트는 소리를 온전하게 들을 수 있는 날이 몇 번이나 있을지 우려스럽다.

돌아오는 겨울에는 얼음이 트는 소리를 들어볼 요량이다. 돌아가신 아버지의 그 따스한 품은 없지만, 그리움이나마 마음껏 소환해서 안겨볼 생각이다. 하지만 바람대로 될 수 있을는지 미지수다.

바람은 정상적인 겨울이어야 가능한 일이다. 이상기후니, 온난화니 하는 이상 징후가 없는 정상적인 겨울이어야만 한다. 얼음이 트는 소리는 동장군이 한껏 기승을 부려줘야만 들을 수가 있는 순수한 자연의 소리다.

쩌정 쩌정…… 더듬은 추억만으로도 지구온난화로 기승을 부리고 있는 무더위가 한풀 꺾이는 느낌이다.

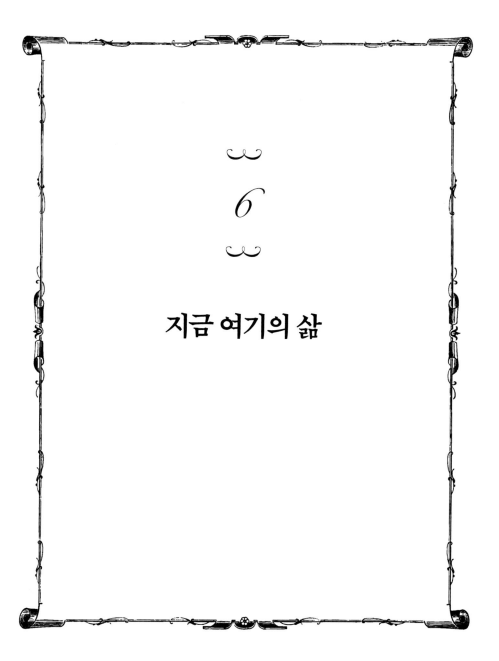

6

지금 여기의 삶

모르는 게 약

　세수하고 거울을 보는데 왼쪽 눈이 빨갛게 충혈된 낯익은 좀비가 보인다. 피가 고여 금방이라도 뚝뚝 떨어질 것 같다. 오른쪽 눈을 가려본다. 거울 속의 좀비 모습이 선명하게 보이는 것으로 봐서는 긴급 상황은 아닌 듯하다.

　새해 벽두부터 안과엘 갔다. 몇 가지의 안구검사와 엑스레이를 찍었다. 검사 결과와 사진판독을 마친 의사의 첫 마디는 다행이란다. 덜 중요한 실핏줄이 터져 충혈이 되었단다. 안구 건조 증상 치료제와 인공눈물을 처방받았다.

　수일 전부터 왼쪽 눈에 이물감이 있었다. 눈꺼풀이 깜빡일 때마다 레일이 망가진, 오래된 폐교의 창문을 여는 느낌이 들었었다. 그러다가 말겠지 했던 것이 사달을 냈다.

　사위 아들과 딸아이가 안경 광학을 전공했고, 사위는 안경 분야에서 딸은 안과의 검안사로 일하고 있다. 눈 건강을 챙겨 준다고 컴퓨터용 보안 안경까지 선물해 주었는데 면목이 없다.

　회사의 업무를 보려면 부득이 온종일 컴퓨터 화면을 마주해야 하는 것은 어쩔 수가 없다. 퇴근 후에도 잔업을 해야 하는 경우가 종종 있으니, 눈을 혹사하고 있는 것만은 분명한 사실이다.

여기까지는 정상적이라 할 수 있다. 문제는 신체 일부라 해도 과언이 아닌 이놈의 핸드폰이다. 언젠가부터 멍 때리는 시간을 몽땅 빼앗아 가고 있다.

멍은 오감과 사지육신에 있어 자연의 기운을 충전하는 시간이다. 생각마저도 멈춘다면 멍 때리기는 영혼을 살찌우고, 가슴에 온기를 채워주기에 충분하다. 그 어떤 영양제도 멍 때리기의 값어치와는 비교가 되질 않는다. 그런 멍 때리는 시간을 핸드폰이 강제로 중단을 시켜버렸다. 이런 정황을 만든 주범은 아무래도 유튜브와 페이스북일 것이다.

유튜브와 페이스북은 낯선 편이었다. 아니 아예 관심을 두지 않고 지냈었다. 전달받은 유튜브 동영상을 몇 차례 보게 되었고, 그 길로 유튜브 앱을 내려받은 것으로 기억된다. 페이스북도 몇몇 정보를 알아볼 요량으로 계정을 만들었지 싶다.

어린 시절의 동경인지, 나이가 들었음인지, 시골 생활에 관한 관심이 예사롭지 않다. 한동안 유튜브를 통해서 타인의 귀촌 생활을 들여다보는 재미에 빠졌다. 여기에 더해 생활에 필요한 정보를 문자가 아닌 동영상으로 전달받아 보니, 어마무시하게 신통방통하기가 그지없다. 이런 맘을 아는지 구글의 AI는 유튜브의 동영상을 슬쩍 스치기만 해도 관련 동영상을 핵폭탄급으로 몰아다 준다. 최애 군것질거리를 무의식적으로 먹어치우듯 동영상을 섭렵한다.

한동안 동영상의 블랙홀 속에서 빨려 들어간 줄도 모른 채 지냈다. 던져지는 떡밥에 낚인 물고기가 낚싯줄에 끌려다닌 꼴처럼 휘둘렸다고 봐야 한다. 보이지 않는 그물로 전 세계를 지배한 구글은 고도의 전략 전술로 유튜버들을 열광케 하고 있다. 유튜버들은 여왕벌의 페로몬에 지배당한 일벌들처럼, 일사불란하게 유튜브의 영토 확장에 충성을 다하고 있다.

시골 살림살이를 보는 것에서, 시골집을 소개하는 부동산으로 동영상을 보는 영역이 넓어진다. 정치영역으로 들어가니 좌우로 나뉜 진보와 보수의 극단적인 정치 논리가 점입가경이다. 더하여 메이저를 자청하던 방송 매체들도 하나같이 자기들의 고유한 채널을 아예 포기한 형국이다. 유튜브로 옮겨온 시청자가 눈길조차 주지 않으니, 제 발로 걸어 들어와 유튜브에 자리를 잡고 장사를 하고 있다.

페이스북은 또 어떤가. 내로라하는 유명인들은 죄다 여기에다가 자기를 드러내는 걸 당연시 하고 있다. 속칭 시대를 앞섰다 하는 지식층들은 전용 스피커인 양 이곳에다가 떠들어 대고 있다. 페이스북은 실시간으로 이들이 떠드는 것을 알람시계처럼 알려 준다. 떠드는 이들은 연결된 팔로워의 반응에 일희일비하며 자신을 드러내기에 여념이 없다.

바야흐로 선거철인가 보다. 내밀하고 시시콜콜한 가정의 사적인 것에서부터 굵직한 사회적인 이슈까지 연일 온라인상을 도배하고 있다. 어찌 보면 대통령 선거는 나라의 최고 어른을 뽑는 국가의 중차대한 일이다. 그런데 이렇게 발가벗겨지고 만신창이가 된 체면으로 어떻게 부끄러워 내가 대통령이고, 그 가족이라고 얼굴을 내민단 말인가? 어지간한 철면피가 아니고서야, 이런 지경으로 내가 적임자임을 자청하며 선택을 요청할 수가 있을까. 난망하기가 그지없다.

누가 나에게 난망하여지라고 강요한 적이 있는가? 왜 나는 지금, 이 순간, 이 난망한 지경에 이르러 쓰레기만도 못한 정보의 홍수 속에서 난망이라는 단어를 떠올리게 되었는가?

전달되는 것은 극히 편협하게 편집된 단편적일 수밖에 없는 쪼가리 정보와 배경이다. 관객은 이것들에 이끌려 일희일비하고 카타르시스를 느끼고 있는 형국이다.

과잉 정보를 넘어 정보의 홍수 시대라 해도 과언이 아니다. 이런 정보홍수의 격랑 속에서 평정심을 유지하기란 보통 어려운 일이 아니다. 자칫 과부하 내지는 치밀어 오르는 부화에 정신적인 멘털 붕괴를 불러올 가능성이 크다.

신차를 사고 얼마 되지 않아 중립기어 조작을 몰라 당황한 적이 있다. 검색된 동영상으로 간단하게 해결할 수 있었다. 유튜브 선생을 실감하는 순간이었다. 이러니 더욱더 빠지게 되는 요인 중의 하나다. 그렇다 하더라도 그 폐해가 덮이거나 용납되어서는 곤란하다.

선한 영향력을 위해서 하는 경우가 없지는 않겠지만, 대개 유튜버의 목적은 구독자를 늘리는 것에 있다. 마찬가지로 페이스북의 글도 대부분은 자신을 드러내어 인정받거나 영향력을 끼쳐

보겠다는 목적이다. 그러므로 그들이 전하는 정보는 구독자와 팔로워를 위한 것이라기보다는 목적을 위한 미끼일 확률이 높다. 단순 미끼일 확률이 다분한 정보에 낚이는 순간, 정신은 혼미해진다.

축약되고 편집된 자료는 현실과의 괴리가 크다. 괴리가 클수록 혹하기 쉽고 이상향에 가깝다. 그러니 현실을 벗어나고픈 마음이 허전한 이들에겐 위안과 대리만족을 준다. 특히나 부동산과 주식 등 경제 관련 정보는 마음을 한층 더 들뜨게 하는 파괴력이 존재한다. 또한, 정치와 종교 분야로 가면 그 가면의 탈은 두껍고 단단하다. 한쪽으로 치우치기가 한량이 없고, 혹세무민을 통한 세력 확장과 탐욕이 그대로 담겨있다. 그러니 그대로 따라가면 이상향에 도달하거나, 지금 처한 현실을 단박에 극복할 수 있다는 착각에 빠질 것이 확실하다. 자칫, 한 개인의 인생을 송두리째 망가트릴 수 있는 지경에도 이를 수가 있다.

동영상과 글을 올린 이들은 단순히 자신의 영달을 위한 구독자 늘리기와 댓글의 짜릿함에 빠지고자 한 일이다. 하여 딱히 이들을 나무랄 수도 없다. 다만, 이를 대하는 태도를 정돈할 필요가 분명하게 있음을 기억하자.

멍 때리는 걸 송두리째 앗아간 놈들을 처단하기로 했다. 서둘러 구독하였던 다수의 유튜브 채널을 취소한 후 핸드폰 화면에서 그놈의 앱을 삭제하는 거사를 치렀다.

페이스북 계정을 탈퇴하기는 미묘하게 복잡했다. 들어올 땐 쉽게 왔지만, 나갈 때는 쉽게 내보내 주지 않겠다는 의지가 담겨있는 듯했다. 가끔 올렸던 글과 맺어진 팔로워가 있어 다소 아쉽기는 해도 어쩔 도리가 없다. 이별을 고할밖에. 어지러웠던 세상을 벗어난 느낌, 맛을 본 사람은 안다. 꽤 시원하고 홀가분하다.

모르는 게 약이라고 했다. 피곤하거든, 정신이 없거든, 마음이 혼란하거든, 불안하고 울적하거든 정보를 차단하는 것도 한 방법이다.

멍을 때려야 심신의 피로가 풀린다. 심신이 피곤하여 쉴 요량으로 가십거리에 불과한 정보를 주워 담는 것은 잘못이다. 피로가 풀리기는 고사하고 오히려 피로에 피로를 얹는 꼴이 되기에 십상이다.

제방은 한순간에 무너지는 일이 드물다. 그리되기까지는 여러 가지의 전조현상이 곳곳에서 발생한다. 이를 알아차려야 한다. 그렇지 않으면 신선놀음에 기둥뿌리가 썩는 줄도 모르고 있다가 집이 무너지는 꼴을 멍청하게 바라만 봐야 한다. 거북목이, 충혈된 눈이, 휘어진 허리가 그 전조인지 모른다.

우리의 신체를 오장육부가 아닌 육장칠부(?)로 만든 핸드폰 일부와 결별한 결과는 금방 나타났다. 충혈이 되었던 안구는 정상으로 돌려졌고, 멍 때리는 시간도 되찾았다. 상대의 맑은 눈동자와 해맑은 미소를 바라보게 되었고, 다가와 부딪치는 햇볕과 바람과 계절의 향기를 느끼게 되었다.

전화로 상실한 기능

언제부턴가 핸드폰은 우리 신체의 일부가 되어있다. 자유로운 소통을 가져왔지만, 이에 따른 폐해도 분명히 존재한다는 사실을 부인하기 어렵다. 그중에서 우리가 가장 안타까워야 할 부분은 '영혼의 교감 기능'이 퇴화하고 있다는 사실이다. 아니, 퇴화 정도가 아니라 상실이라는 표현이 더 적합할는지도 모르겠다.

'영혼의 교감 기능'이라고? 생소한 단어에 고개를 갸우뚱할 것이다. 왜냐하면, 이 말은 우리가 추구하고 있는 주입식 교육의 영역 안에는 존재하지 않기에 그렇다. 그러니 살면서 한 번도 생각해 보지 않았을 것이 분명하다. 그러나 자연의 섭리 안에서 사는 한, 자연은 온통 영혼의 교감뿐이라서 이를 벗어나 살았던 적은 단 한 순간도 없었다. 단지, 범접할 수 없는 신의 영역이라고 여겼을 뿐이다. 그러므로 정신을 차려 이 기능을 십분 활용하여 살면 좋지 않을까 하는 생각이 절실하다.

40~50년 전만 해도 동네 스피커에서 제일 많이 나오던 소리는 전화를 받으러 오라는 것이었다. 멀리 들에서 일하다가도 스피커 소리가 들려오면 일손을 멈추고 귀를 기울였다. 그렇지 않으면 누군가는 들에까지 달려와서 이를 전달해 줘야 하기에 더욱더 신경 썼다.

전화기는 동네에 딱 한 대만 설치되어 있었다. 장소는 대체로 마이크 시설이 있던 동네 이장님 댁이었다. 그러니 이장님을 비롯한 식구들은 밤낮으로 이를 전달하는 것이 여간 번잡하지가 않았다고 봐야 한다. 전화를 받게도 걸게도 해줘야 하지만 전해온 소식을 집집이 전해주기도 해야 하니 당연하다.

전화기는 까만색으로 본체와 수화기로 구분되어 있었고, 본체 옆에는 잡고 돌리는 손잡이가 달려 있었다. 전화를 걸려면 수화기를 들고 손잡이를 돌렸고, 교환원과 연결되면 상대방 전화번호를 불러준다. 교환원은 같은 교환국이 아닌 경우 여러 단계의 교환국을 거쳐 상대와 전화를 연결하게 되고, 그제야 통화가 이루어진다. 여러 전화국을 거친바 통화 음질은 대체로 불량했다. 고래고래 소리를 질러대기 일쑤였다. 이런 것도 전화라고 통화를 마치게 되면 교환원은 통신요금을 알려주게 되며 이를 지급해야 했다.

통화 내용은 대부분 경조사를 알리는 것이 주였다. 여기에 긴급한 사건·사고의 전달과 합격 통보나 출산 소식이 더해졌다. 그러니 전화가 왔다고 하면 지레짐작으로 덜컥 겁부터 냈던 웃지 못할 풍경이 연출되기도 했다. 특히 한밤중과 새벽녘이면 그 예감은 빗나가질 않았던 기억이다.

당시를 돌아보면, 지금과 같이 전화가 일상이다 싶은 시절과는 비교가 되지 않을 만큼 전화의 존재는 미미했다. 정말로 전화는 긴급한 소식을 전달하는 통신수단일밖에 다른 역할은 없었다. 그런데 현재는 어떤가? 휴대전화라 부르며 생활에서 떼려야 뗄 수 없는 분신과도 같은 존재가 되어 버렸다. 전화기를 발명한 벨은 물론이거니와 교환원을 통하던 시절에서 본다면 도저히 상상 못 할 상황이 전개된 것이다. 그 누가 전화를 24시간 분신처럼 들고 다니며 인간의 일상을 좌지우지할 줄 알았을까 싶다.

전화의 눈부신 발전은 서로 완전하게 소통하고 있다는 착각을 불러오기에 충분하다. 그러나 현실은 이와는 정반대로 소통에 힘들어하는 것은 물론, 점점 더 고립되어 가는 사람들이 늘어가는 추세다.

일상을 대화와 문자, 게다가 화상과 동영상에 사진까지, 그 어느 것 하나 부족한 것 없이 서로 주고받으며 소통하고 있다. 그런데도 왜 사람들은 소통에 힘들어하고 소외되어 고립되어 가고 있는 것일까? 그것은 어쩌면 소통이 양적으로는 늘어났을는지는 모르나, 질적인 면에서는 결핍이 심해지고 있다는 것을 의미한다. 왜냐하면, 전화기를 통한 소통은 생명이라곤 전혀 없는 메마른 쇠붙이 기기의 산출물이기 때문이다.

인간이 만든 전화기가 아무리 신출귀몰하더라도 자연의 조화로움을 넘볼 수는 없다. 단지, 인간의 무지함이 이를 인정하고 있지 않을 뿐이다. 인간이 참으로 어리석은 것은 사람의 발명품인 전화기에는 열광하면서도 정작 자신의 본질인 완전한 진리의 섭리에는 무신경하다.

우리 인간은 자연이 하나님 부처님의 표상이라는 사실을, 우주자연이 하나로 존재한다는 사실을, 인간을 포함한 모든 만상과 만물이 자연이라는 사실을, 자연이 영생불변 하다는 사실을 외면하고 산다. 그러니 소통은 전화기로만 해야 한다고 굳게 믿고 있다. 미련스럽게도.

우주자연은 완전한 신의 영역이다. 그러므로 신의 영역 안에 존재하는 모든 만물은 영험한 존재일 수밖에 없다. 당연히 인간을 포함해서 말이다.

인간이 만든 전화기로도 수천 킬로미터 떨어진 거리를 두고 서로 통화를 한다. 그런데 완전한 신의 피조물인 사람이 이만한 능력을 갖추지 못했다는 것은 말이 되지 않는다. 이치에 어긋날뿐더러 진리를 부정하는 처사다.

절대로 우주자연이 둘일 수가 없다. 살아있는 모든 생명체는 하나의 몸으로 존재한다. 또 그 안에 우주자연의 섭리가 충만하여 순리의 세상이 펼쳐지고 있다. 이것이 진정한 우리의 본래 모습이다. 그러므로 서로는 떨어진 적도 없고, 떨어질 수도 없는 동체대비 한 몸, 한 마음이다.

한 몸과 한 마음은 말하지 않아도, 보지 않아도, 듣지 않아도 다 안다. 이것이 순리다. 이럴진대 전화기가 필요할 턱이 없다. 여기에는 단지 서로가 우주자연이라는 것을 믿고 따르기만 하면 된다. 자기의 아집과 집착을 포기하기만 하면 된다. 서로에게 전할 것이 있다면 오로지 하나로만 머물며 전달하면 되는 일이다.

이 소통은 전화기의 그 어떤 전달 방법보다 효과적이다. 통화보다, 문자보다, 동영상보다, 사진보다, SNS보다, 메일보다 수천수만 배의 울림이 있다. 우리는 이 순수 자연의 소통 방법인 '영혼의 교감 기능'을 회복할 필요가 있다. 아니 그래야만 한다. 이러한 교감이라야 사랑이다. 사랑의 효과는 바로 기적의 순간으로 다가올 것이다.

처음에는 조금 서툴지도 모른다. 그러나 회를 거듭할수록 온몸으로 전해오는 전율의 감동이 퍼짐을 체험할 것이다. 전화기와는 비교할 수도 없는 소통의 결과를 얻게 될 것이다.

우리는 언제부턴가 하나의 몸과 하나의 마음이라는 것을 잊고 산다. 그렇기에 서로 반목과 시기와 질투와 오해를 한다. 그러니 서로는 이를 해소하고자 변명과 주장과 설득과 항변에 목소리를 높이게 된다. 그러나 높여진 억양에 잔뜩 실려 버린 감정은 반감과 견해차만 더해지는 게 현실이다. 어쩌면 이것은 '영혼의 교감 기능'을 상실한 우리들의 슬픈 단면일지도 모른다.

방법은 단 하나, 소통의 어려움으로 힘들고 지칠 때는 잠시 전화기를 꺼둘 일이다. 찾아온 적막의 시간, 하나의 우주자연임을 깊이 자각한다. 호흡이 들고 남을 따라간다. 오로지 지금 여기에만 머문다. 그리고 우주자연의 마음으로 전한다.

"미안합니다. 잘못했습니다. 고맙습니다. 사랑합니다."

노후 준비

바야흐로 지구촌의 인류는 이제 100세 시대를 선언하고 있다. 그러나 연장된 생명만큼, 과연 인간의 삶에 뜻과 의미가 더해진 것인가에 대한 의구심은 점점 커져만 가고 있는 것이 사실이다. 이러한 시대를 반영하듯 지구촌 전체는 인구노령화의 심각한 문제에 직면하고 있는 듯하다.

경제발전과 더불어 생명과학의 발전이 인간의 수명을 연장해 준 것만은 분명하다. 그러나 이에 걸맞은 삶에 대한 대비는 미흡하기만 하다. 그래서 그런지는 몰라도 100세까지 연장된 삶을 영위하기 위한 '노후 준비'가 최대의 화두로 등장했다. 연장된 기간에 필요한 경제적인 규모를 산출한 칼럼과 기사들이 넘쳐나고 있다.

"노후에 평범한 생활을 유지하려면 노후자금을 얼마나 준비해야 할까? 국민연금연구원에 따르면 우리나라 고령자들은 매달 적정 노후생활비로 부부 기준으로 평균 268만 원, 개인 기준 평균 165만 원이 필요하다고 생각하

철부지의 삶, 개똥철학이 있어 좋다

는 것으로 나타났다. 여러 사람의 생각을 평균한 금액이기 때문에 개인의 목표금액과는 다를 수 있지만, 많은 사람의 의견이 담긴 숫자라는 측면에서 참고할 만한 가치는 있다. 적정 노후생활비를 기준으로 은퇴 후 필요한 노후자금을 계산하면, 은퇴 후 20년을 산다고 가정할 때, 대략 6억 4,000만 원, 30년을 산다고 가정할 때 9억 6,000만 원의 노후자금이 필요하다."(아

주경제 전문가 기고/김은혜 NH투자증권 100세시대연구소 수석연구원)

기사의 내용을 훑어 보면 '노후 준비'가 그리 만만해 보이질 않는다. 가정을 이루고 아이들 보살피다 보면 이런 규모의 자금 여유를 갖는다는 것이 녹록하지 않은 것이 현실이다.

게다가 요즘 직장이라는 것이 정년을 보장받기가 쉽지 않다. 더욱이 50세 이후 명예퇴직을 하거나 이직의 실패를 겪게 될 때는 안정된 자리를 보장받기가 하늘의 별 따기만큼이나 어렵다.

그렇다고 해서 사업을 할 때도 사정은 별반 다르지 않다. 창업해서 성공할 확률이 채 10%도 되지 않는다는 것이 일반적인 통계 수치이니, 이 길 또한 순탄한 길은 아니지 싶다. 이런 현실이다 보니, 노후의 삶에 대한 불안감이 적지가 않다.

주식과 펀드, 부동산, 보험과 연금 등 노후 준비를 부추기는 각종 금융상품 마케팅이 난무하고 있다. 덧붙여 은퇴자를 대상으로 한 각종 다단계가 판을 치고 있다. 자칫, 욕심이 앞서 실수라도 할 때는 가지고 있는 여윳돈마저도 몽땅 잃는 낭패를 당하기가 십상이다.

그렇다면 과연 이런 규모의 여유자금이 확보되면 완벽한 '노후 준비'가 되었다고 볼 수 있을 것인가? 의구심이 드는 것은 어쩔 수

가 없다. 하긴 평생을 돈이 지배하는 세상을 살았으니, 이것이 최상이라고 생각할 수밖에 별다른 도리는 없다.

자식이라도 잘 키운 경우라면 조금은 나을 수도 있다. 하지만 이 경우에도 돈을 기반으로 한 시스템에 의존하는 것 외에는 별반 다르지 않아 보인다.

나무는 자연의 순리에 순응한다. 나이를 먹은 늙은 나무는 넓게 편 가지를 하나씩 거두는 것으로 돌아갈 준비를 한다. 바람에 의지해서 마른 가지를 하나씩 부러뜨려 몸의 일부를 잘라낸다. 위로 올리는 물길을 줄여 높이 치솟은 몸집도 거둬들인다. 뿌리의 근기에 맞게 몸집 줄이는 것을 당연하게 여기고, 자연의 흐름에 기꺼이 자신을 낮추고 맡기는 것을 거역하지 않는다.

사람의 몸도 자연의 일부이기에 나무와 같이 시간의 흐름을 거역할 수는 없다. 그러기에 몸은 세월의 흐름 앞에서 점점 쇠약해질 수밖에 없는 것이 현실이다. 아무리 발버둥을 쳐도 되돌릴 수 없는 것이 순리다. 그런데도 인간의 끝없는 탐욕은 이를 받아들이기 쉽지 않은 모양이다. 순리에 역행하는 삶을 고집스럽게 영위하고자 혈안이다. 이를 뒷받침하려니 당연히 노후 준비를 위한 자금에 집착하게 된다.

자연의 순리에 한 번 비춰보자. 몸의 골격은 나이를 먹을수록 쇠약해지게 마련이다. 그러므로 비만은 잦은 병치레의 주범이다. 쇠약해진 골격은 과하게 섭취해서 비대해진 체중을 지탱하기에는 역부족이다. 척추와 관절에 무리를 주니, 우선 거동이 불편해

철부지의 삶, 개똥철학이 있어 좋다

지는 것은 당연하다. 힘들여 모아 놓은 자금은 한 번도 유용하게 사용해 보지도 못하고 병치레하느라 소진해 버리기 일쑤다. 앞뒤 돌아보지를 않는 모습이 안타깝다. 오직 예전의 왕성한 체력을 회복해 보겠다는 일념으로 떨어진 체력을 회복하려 안간힘을 쓰고 있다.

순리의 삶을 역행한 결과는 허탈감과 공허함으로 주저앉을 확률이 높다. 내 뜻대로 살던 일상에서 점점 이탈하는 것에 대한 상실감은 이루 말할 수가 없이 클 수밖에 없다.

우선 소중한 몸뚱이부터 자유롭지 못하다. 몸뚱이에 의지하던 자의적인 행동들이 부자연스럽기 이루 말할 수가 없다. 순순하게 따라주던 가족들의 태도 또한 영 마땅치 않다. 자꾸 피하며 따돌림(왕따)을 시키는 것 같은 생각에 소외감이 점점 심해진다.

할 일 없이 보내야 하는 하루하루가 지루하기가 그지없다. 밤은 왜 그리도 긴지 잠을 뒤척이는 날이 부지기수다. 왕성하게 활동하던 시절에 그렇게 소원하던 편안함의 극치에 와 있건만 하나도 행복하지가 않다. 풍족하지는 않았지만, 차라리 지지고 볶았던 그 시절이 간절한 이유는 무슨 이유란 말인가?

현실은 암담함 그 자체다. 문득문득 생을 억지로 마감하고 싶은 생각이 들기도 한다. 간절한 소망은 편안하게 자다가 일어나지 않는 것이다. 정녕 이런 상황을 맞이하려 건강에 매달리고 노후자금을 마련하느라 노심초사했나 하는 의구심이 밀려온다.

몸뚱이에 의지한 삶은 자연의 흐름에 맞춰 정확하게 그 궤적을 같이한다. 늙고 병들고 생을 마감해야 하는 것이 자연의 이치다.

이를 거역하거나 되돌릴 수는 없다. 그러므로 이에 순응하고 따를 줄 아는 자세가 노후 준비의 첫 단계라는 사실은 분명해 보인다.

노후 준비라고 생각했던 자금을 축적하는 영역과는 전혀 다른 문제임에 틀림이 없다. 정녕 간과하고 소홀했던 부분은 무엇인가를 짚어본다. 몸뚱이는 원하지 않아도 저절로 자연의 흐름 앞에 무릎을 꿇게 마련이다. 그러나 몸뚱이를 조정하며 주인행세를 했던 '마음'은 어떤가?

정작 주인의 행세를 자처하였던 마음은 순응이라는 것과는 거리가 너무 멀다. 어쩌면 삶은 한시적으로 주어졌던 몸뚱이를 통하여 '정신적인 성숙'을 해야 한다는 전제를 부여받았는지도 모른다. 이것이 우리가 신에게 부여받은 숙명과도 같은 신의 계시라는 생각이다. 그런데도 이를 도외시한 채 아집과 욕심을 채우는 것에 평생을 허비했다. 그러니 그 결과는 불을 보듯 자명하다.

'정신적인 성숙'은 최고의 '노후 준비'일뿐더러 필수 불가결한 항목이다. 아름답게 늙어 간다는 것, 가늠할 수 없는 내공이 느껴진다는 것, 고요한 미소로 진짜 행복을 전할 수 있다는 것은 늙음만이 가지는 특권이다. 이런 특권을 거부한다는 것은 어불성설이며 바보임을 자청하는 일이다. 아니 인생을 포기하는 것이다.

정신적인 성숙은 돈을 쌓는 노후 준비와는 그 격이 다르다. 돈이 '채움'의 영역이라면 정신적인 성숙은 '비움'의 영역이다. 비움은 평생을 채우는 것에 길든 경우 안타깝게도 넘을 수 없는 영역일 수가 있다. 비우면 비울수록 드러나는 자연의 이치를 깨닫는 기쁨은 이루 말할 수가 없다. 이 희열을 맛보지 못한다는 것은 화룡점정을 찍지 못한 화가와 다를 바가 없을 것이다.

노후 준비를 위한 자금을 축적하는 방법은 왕성하게 경제활동을 하는 과정에서 차곡차곡 쌓아 놓는 것이 최상의 방법이다. 마찬가지로 정신적인 성숙을 위한 비움의 공부도 삶의 일부를 할애하여 차분하게 터득하는 것이 좋다. 그렇지 않고 무턱대고 정년을 맞이할 때까지 성공이라는 허황함에만 매달렸다가는, 돈의 노후 준비는 가능하겠지만 정작, 노후의 삶에 꼭 필요한 정신적인 성숙과는 거리가 멀어질 것이다.

늙음에도 깨달음이 있다. 입맛이 떨어지고 소화 기능이 저하되는 것은 음식 섭취를 최소화하라는 것이고, 거동이 불편한 것은 필요 없는 것에서 멀어지라는 뜻이다.

귀가 안 들리고 눈이 침침한 것은 감각을 내면으로 흐르게 하여 가슴의 눈을 뜨라는 것이고, 기억력이 떨어지는 것은 부질없음을 알고 주어진 오늘에 감사하라는 뜻이다.

노후는 하루하루를 묵묵히 관조하는 덤덤한 삶이어야 한다. 돈, 사랑, 명예, 가족, 인연, 건강 등은 미련 없이 방생한 진짜 무덤덤한 삶이어야 한다.

뜨는 해는 활기가 있어 아름답고, 지는 해는 은은함이 묻어 있어 아름답다. 황혼에서 맞는 아침은 눈물 나는 감사함이어야 한다. 그래야 노후가 행복하다.

마스크와 화이자

정도(正道)는 올바르고 당당하고 떳떳한 견지를 추구하는 자세를 일컫는다. 이것은 인생 항로, 기업경영, 국정운영, 자본투자, 이익추구, 장사 등에 두루 적합하게 요구되는 기본적인 덕목이라고 할 수가 있다. 그러나 길이라는 것이 항상 순탄할 수만은 없으니 우여곡절을 거치게 되어있다. 또한, 지름길에 대한 유혹과 경로 이탈의 조건은 곳곳에 널려 있게 마련이다. 그러므로 항해를 이끄는 책임자는 수시로 항로를 점검하여 정도에 벗어남이 없는지를 살펴야 한다. 그렇지 않으면 '노인과 바다'의 주인공 산티아고처럼 청새치의 앙상한 뼈다귀만 가지고 항구에 다다르는 처지가 될 수도 있다.

코로나19 팬데믹 위기 상황에서 가장 빛났던 물건은 뭐니 뭐니 해도 마스크가 아닌가 한다. 마땅한 치료제나 백신이 없었기에 마스크는 인류를 구해 줄 유일한 생명 줄이었고, 그 역할을 톡톡히 했다고 봐야 한다. 그러나 폭발적인 수요는 세계적인 공급 대란 사태를 불러왔다. 그 결과 마스크 관련 사업은 일대 초호황을 맞았고, 황금알을 낳는 사업으로 불렸다. 너도나도 마스크 사업에 뛰어들었다.

한 지인도 마스크 사업에 투자하겠다고 나섰다. 그는 건실하게 부품제조업을 하고 있었고, 나름대로 성공 가도를 달리는 중이었다. 작지 않은 규모로 투자를 검토하고 있었다. 의견을 물어 왔다. 두 가지 점에서 투자를 만류했었다. 우선은 안정되게 운영되고 있는 현재의 사업이 하찮게 여겨져 자칫 위태로울 수도 있다. 또 하나는 대박에 눈이 어두워 인간성을 상실할 여지가 있다는 견지로 의견을 냈다.

당시 마스크 사업은 복마전과 다름이 없었다. 그런 속에서 있다 보면 자연스레 동화되게 마련이다. 하루아침에 사라질 수도 있는 신기루인 줄도 모르고 빠지게 된다. 손에 기름때를 묻혀야 하는 일보다는 쉽고 빠른 승부에 더 빠져드는 것은 당연하다.

대기업도 마찬가지지만 중소기업은 특히 오너의 손길이 무척 중요하다. 들판의 오곡이 농부의 아침저녁 발걸음과 기침 소리에 익어가는 것처럼, 작업장은 오너의 애정의 손길이 미쳐야 한다. 그러므로 오너가 한눈을 팔고 있는 사이에 나타날 오너 부재의 리스크는 클 수밖에 없다. 더군다나 팬데믹 상황이 오래가길 바라는 자신의 얄팍한 양심의 가책은 어찌 감당할 것인가 말이다.

'제발 하지 마소. 그것은 황금알을 낳는 거위의 배를 가르는 일이 될 수도 있단 말이외다.' 목구멍까지 올라온 말을 간신히 끌어내렸다. 왜냐하면, 이미 결정하고 물어 온 말이 분명했기 때문이다. 그 후, 그를 몇 번 대면할 기회가 있었지만, 마스크 사업의 성과를 묻지는 않았다. 그러나 결과는 대충 짐작되었다. 그가 참여할 당시에는 마스크 생산업체가 우후죽순처럼 생겨나던 무렵이었고, 서서히 가격경쟁이 발생할 시점이었으니, 투자비 손실을 보지 않았다면 다행이었을 것이다.

주식투자를 할 때도 정도를 지키는 것이 행복한 투자는 물론 안정된 이익을 가져다주는 핵심임을 알아야 한다. 주식을 매수할 때는 되도록 마음의 갈등이 적은 회사의 주식을 취하는 것이 좋다.

화이자와 모더나 주식에 투자한 사람은 코로나 백신과 치료제의 매출 증대를 바랄 것이 분명하다. 그래야 주가가 오르니 당연하다. 그러니 코로나 팬데믹의 안정보다는 지속 내지는 창궐을 은근히 기대할 수도 있다. 이런 경우의 마음 상태는 행복할 리가 만무하다. 탐욕은 행복이 들어올 자리에 불행이 비집고 들어올 틈을 만들게 된다.

돈을 버는 주된 목적은 행복에 있다. 그러니 돈이 쌓여서 행복한 것도 좋지만, 어쩌면 버는 과정에서도 내내 행복해야만 한다. 그러나 선택한 주식을 소유하는 순간, 세상과 반하는 상태를 견지하게 되니, 행복은 언감생심 바랄 수도 없게 된다.

화이자, 모더나, 아스트라제네카 등 백신 제조사들과 이들의 연구개발에 기꺼이 동참한 선진자본이 있어, 어려운 난국을 극복한 것은 칭송 받아 마땅하다. 업적을 폄훼하는 것은 아니다. 당연히 이들의 노고에 대한 대가가 있어야 하는 것도 타당하다. 다만 이러한 것에 편승하여 인간적인 고뇌를 하지 말았으면 하는 뜻에서 하는 사견이 그렇다는 이야기다.

이런 예는 전쟁과 직접적인 관련이 있는 업종도 해당이 된다. 탱크와 대포를 만드는 방산 관련 업체, 전투기를 만드는 항공사, 화약과 포탄을 만드는 회사 등 다양하게 많다. 이들 업종은 전쟁 발발과 경계하고 있는 나라 간의 대립과 갈등이 있을 때 주가가 올라간다. 이러니 이런 주식을 보유한 경우 은근히 이러한 경우를 가정하거나 기대하게 되는 것이 인지상정이다. 그렇다고 해서 이들 회사가 여행객을 태우는 항공기와 미지의 세상을 여는 우주선을 만들고 있다는 것을 부정하는 것이 아니다. 다만, 자칫 사람의 마음이 간사한 쪽으로 흐를 수도 있음을 예로 든 것뿐이다.

여기에 더하여 좀 더 살펴볼 업종이 있다면 자연 파괴와 환경오염 등 기후 위기를 부르거나 자연에 역행하는 제품을 만드는 쪽이다. 구체적으로 술, 마약, 유전자 변이 농산물, 담배, 살충제 등이다. 어쩌면 금기되어야 마땅하면서도 기호라는 이유로 대량생산의 명분으로 공공연하게 용인되는 업종들이다. 이 경우도 투자하게 되면 이중적인 갈등에 마음이 혼란을 겪을 것이 확실하다. 되도록 피하는 편이 좋지 않을까 한다.

마지막으로 작금에서 가장 심각한 업종이 있다면 그것은 당연히 각종 인터넷 게임물을 영위하는 업체들을 꼽고 싶다. 얼마나 많은 수의 청소년이 이것에 중독되어 헤매고 있는지 가늠조차 하기 힘든 지경이 되었다. 근거로 이 산업들의 성과와 성장 속도가 말해주고 있다. 이러한 지경에서도 업체 간의 치열한 경쟁은 점점 더 자극적이고 극단적인 스펙터클을 양산하고 있다. 어쩌면 이런 회사의 주식을 소유하는 것 자체가 악의 한 축을 잡는 것과 마찬가지다. 하여 좀 더 신중한 투자가 요구된다고 하겠다. 아니,

절대 취해서는 안 되는 업종임이 분명하다. 그러므로 이러한 쪽에 조금이라도 힘을 실어 주는 것은 아주 큰 죄악을 함께 저지르고 있다는 사실을 명심해야 한다.

자본주의가 지배하는 세상에서 부를 축적하고 대물림하는 것은 어쩌면 당연하고 자연스러운 일이다. 그러니 경제활동에 매진하고 있는 이들을 매도하거나 탓하고 싶은 것은 절대 아니다. 다만 아쉬운 점이 있다면 삶의 본질이 상실된 시절이고 보니, 한 번쯤은 냉정한 자기성찰이 필요하다는 것이다.

자본주의사회에서 경제활동은 필요불가결한 구성원으로서의 당연한 실천 항목이다. 그러나 경제활동에 앞서 우리가 분명하게 알아야 할 것이 있다. 이것은 가정과 학교에서 가장 최우선으로 교육받았어야 할 것이었으며, 절대 놓쳐서는 안 되는 것이었다. 그러나 아쉽게도 이 부분은 교육 현장에서 사라졌거나 무시되고 있다.

그것은 바로 '왜?'라고 하는 부분이다. 이것은 '왜 살아야 하는지'와 마찬가지로 우리의 본질을 향한 질문의 한 축이다. '왜 벌어야 하는지'에 대한 올바른 개념이 없는 경우 그 축적된 부는 의미를 상실한 채 방치되기가 쉽다. 더하여 온갖 탐욕에 눈이 어두워 길을 헤매는 동물이 될 가능성이 크다.

왜 돈을 벌어야 하는지를 명확하게 한 경우에는 정도에 의한 이익 추구를 지향할 확률이 상당히 높다. 왜냐하면, 정도를 벗어난 돈벌이로 인해 자칫 잘못하면 돈을 벌어 추구하고자 했던 중요한

철부지의 삶, 개똥철학이 있어 좋다

가치를 상실할 수도 있다는 것을 알기에 그렇다.

절대적인 가치를 상실한 돈벌이는 추잡한 꼴만 드러나게 할 뿐, 아무런 의미가 없다. 그것은 허탈감과 후회만을 가져다줄 것이 자명하다. 그러므로 돈은 당당하고 떳떳하게 정도(正道)의 범주에서 벌어야 한다. 그래야 그 맛을 제대로 음미할 수가 있다.

화엄이

　　　　　반려는 "짝이 되는 동무"라는 명사다. 대부분은 평생을 의지하여 같이 살아간다는 것을 반려라고 한다. 사람과 사람은 반려자, 사람과 동물은 반려동물, 사람과 식물은 반려식물이라 부른다.

　인터넷을 기반으로 한 통신수단은 날로 발전을 거듭하고 있다. 실시간으로 문자와 음성을 통한 교류는 물론이고, 실시간 화상통화가 아무런 제약 없이 가능한 시절이다. 그런데도 반려동물과 반려식물에 관한 관심은 급속한 팽창을 하는 추세다. 이러한 현상은 어쩌면 사람과 사람의 교류에서 오는 한계와 피로가 누적되고 있다는 것과 무관하지 않을 것이란 추측을 해보게 된다.

　그에 반하여 동물과 식물은 표현에 있어서 인간의 마음을 드러낸 것과는 비교가 되지 않을 만큼 단순하고 간결하다. 이런 차이는 스트레스에 민감한 현대인들에게 있어 설득력과 어필을 받을 만하다. 그러나 아이러니하게도 반려동물의 학대, 유기, 불법유통 등 어두운 이면이 증가하는 것을 보면 인간의 무지몽매가 무척이나 한심스럽게 다가온다.

동백나무는 우리 집 아파트의 베란다에 가장 큰 규모로 자리를 잡고 있다. 애칭은 화엄이다. 화엄이는 까만 씨앗 상태에서 납치 당하듯 우리 집으로 강제 이주를 당했다. 처음에는 온전하게 화분 하나도 차지하지 못하고 남이 자리 잡은 화분의 한쪽 구석에 내 던져지듯 심어졌다. 씨앗은 3형제였다. 그게 다였다.

무심하게 던져졌으니 존재감이 있었을 턱이 없다. 이러니 제일 먼저 싹을 틔운 녀석은 잡초로 취급되어 도태되었다. 기억은 두 번째와 세 번째의 싹이 나오고서야 돌아왔다. 그것도 녀석들을 뽑아내자, 뿌리 끝에 달려 나온 씨앗의 빈 껍질을 보고서야 알아챈 것이다. 두 녀석은 그제야 자기의 영토를 하나씩 하사받고 터를 잡았다. 그러나 그중 한 녀석도 강제로 뽑혀 나온 후유증으로 몸살을 하다가 뿌리도 내리기 전 말라버렸다.

마지막 남은 녀석이 화엄이다. 녀석도 성장 과정도 그리 순탄하지만은 않았다. 잘 자라다가 중심부가 시들어 잘려 나가는 아픔을 겪었다. 그러다가 겨우 자리를 잡았다. 그 여파로 화엄이는 뿌리의 중심부가 아닌 한쪽으로 치우쳐 성장하였다. 그래서 지금도 화분의 중심에 자리를 잡지 못하고 옆으로 치우친 골격을 유지하고 있다.

이 모습으로 화엄이는 25년을 우리와 동반하여 지내고 있다. 그 이름도 거창하게 "만행(萬行)과 만덕(萬德)을 닦아 덕과(德果)를 장엄하게 한다."라는 화엄으로. 화엄이라 지은 것은 별다른 의미는 없다. 단지 지리산 화엄사가 고향이라서 그리 붙여 준 것뿐이다.

25년 전 부모님을 모시고 5명이 가족여행을 한 적이 있다. 남원의 광한루, 지리산의 노고단과 화엄사, 한산의 모시 공예마을을 거치는 2박 3일 정도의 여정이었던 것으로 기억된다. 지리산 화엄사를 구경하던 중에 화엄이네 가족을 만났다. 기와가 얹어진 긴 담벼락을 따라 줄지어서 동백나무가 자라고 있었다. 초여름에 접어들 즈음이었으니, 꽃은 볼 수가 없었다. 그러나 열매가 여물어 벌어지며 튼실한 씨앗을 토해내고 있는 모습이 인상적이었다. 개중에 먼저 여문 씨앗은 땅바닥에 떨어져 구슬처럼 굴러다니기도 했다. 모습으로 봐서는 부지런한 스님의 빗자루에 쓸려 퇴비장으로 가든지 태워져 버릴 것이 확실시되었다. 무심코 몇 개를 집어 들어 손에 쥐어 봤다. 반질반질한 것이 어린 시절 가지고 놀던 유리구슬의 감촉이 느껴졌다. 씨앗은 경내를 다 돌아볼 때까지 손에 들려 있었다. 그리곤 무심결에 주머니에 집어넣었던 모양이다. 숙소에 돌아와서야 주머니에 잘 여문 동백 씨앗 3알이 발견되었다. 그렇게 해서 화엄이는 우리 집의 반려식물이 된 것이다.

화엄이의 개화는 스무 살 성년이 되어서야 시작되었으니, 여타 동백과 비교하면 상당히 늦은 편이다. 그것도 처음에는 두어 송이만 잎에 가려 보일 듯 말 듯 아주 수줍게 피었었다. 그렇게 시작된 화엄이의 동백꽃 잔치는 대단하다. 매년 수십 송이가 활짝 피어난 모습을 보고 있노라면 남해안 바닷가의 고즈넉한 동백 숲에 와 있는 것 같은 기분이 들기도 한다.

화엄이 이야기를 했더니, 탐을 내는 지인이 생겨났다. 화엄이는

철부지의 삶, 개똥철학이 있어 좋다

꽃을 피우기는 해도 열매는 한 번도 여물어 본 적이 없다. 화엄이가 할당받은 공간은 창문으로 닫힌 아파트의 베란다이다. 도시에 동박새가 있을 턱이 없을뿐더러 있다고 해도 접근이 불가능하다. 하여 애석하게도 화엄이는 수정을 받을 수 없는 형편이다. 그러니 탐을 낸다고 한들 화엄이의 씨앗을 준다는 것은 불가능하다.

동백은 새에 의하여 꽃가루가 운반되어 수분(受粉)이 이루어지는 꽃으로 조매화(鳥媒花)다. 동백이 개화하는 시기는 겨울철이다. 벌이나 나비 등 곤충이 없는 계절이다. 그래서 이 역할을 동박새가 떠맡은 모양이다. 시험 삼아 동박새가 되어 보기로 했다. 면봉에 꽃가루를 묻혀 여러 꽃송이에 동박새 시늉을 했다. 그러나 애석하게도 수정이 안 됐던지 맺었던 열매는 모두 다 떨어져 버렸다. 그렇게 화엄이의 잉태와 2세 계획은 물거품으로 결론이 나는 듯했다. 그러다가 화엄이의 시든 잎을 제거하기 위해 우거진 가지 사이를 들추는데 열매 같은 것이 떨어지며, 까만 씨앗 4알이 바닥으로 떨어졌다. 기적의 선물처럼 화엄이가 2세를 출산한 것이다.

그 씨앗 중 야무지게 잘 여문 한 알은 탐내던 지인의 집에 배달될 날을 기다리고 있다. 또 한 알은 5살 꼬맹이로 노고단을 올랐던, 결혼해서 분가한 딸아이가 분양받아 갔다. 남은 두 알 중 한 알은 화분 속에 묻었는데 분실되었다. 언제 나타날지 아니면 영영 잊힐는지 모르는 상태가 되었다. 그렇지만 다행스럽게도 남은 한 알은 여러 날을 물에 불렸다가 화분에 심었더니 조심스럽게 싹을 틔워냈다. 자릴 잡으면 이름도 지워줄 것이다. 이제 화엄이는 2세와 함께 우리 집의 베란다 정원을 지킬 것이다.

반려식물을 키워보니, 동백나무만큼 관리하기가 편한 식물은 드물지 싶다. 우선 사계절이 푸르러서 좋다. 또한, 수분을 좋아하니, 물 주기가 무척 수월하다. 압권은 하얗게 내리는 눈과 붉은 동백꽃이 어우러지는 환상적인 장면이다.

25년을 함께 해보니 반려동물의 교감 못지않게 반려식물의 교감 또한 만만치가 않다는 것이다. 만약 우리 집에서 화엄이의 존재가 없다면 많이 허전할 듯싶다. 외동이 결혼해서 훌쩍 둥지를 떠났을 때와 다르지 않겠다는 생각이다. 이런 면에서 보면 화엄이는 사람의 수명은 훌쩍 넘을 것이 분명해 보인다. 하여 헤어짐의 아픔과 애잔함은 없을 터이니, 다행이다. 이것 또한 화엄이와의 동반이 좋은 점이지 싶다.

반려동물에 대한 여러 반향이 사회문제가 되는 요즘이다. 문제들은 자연스럽지 않은 인간의 탐욕이 빚어낸 산물이다. 정신을 차려 줬으면 하는 바람이다. 그렇다고 해서 반려동물과 반려식물에 기대서라도 외로움과 허전함을 달래보고자 하는 사람들의 사정에 공감하지 않는 것은 아니다. 그렇게 해서라도 살아가는 데 필요한 여유와 활력소가 된다면 다행이기는 하다. 그런데도 이러한 정황이 씁쓸하게 다가오는 것은 어쩔 수가 없다.

사람이 넘쳐나는 시대에, 최첨단 소통수단이 즐비한 이 시대에 인간이 벌이고 있는 인간들의 행동은 자연스럽지 않다. 왜 이런 상황이 벌어진 것에 대한 고민은 필요하지 싶다. 그러나 반려산업에 관한 이야기는 있어도 이에 대한 문제의식이나 사회적인 공론화 의지는 전혀 없는 것 같아서 조금은 의아하고 안타깝다.

마음공부에 매달린 시간이 어언 30년이다. 이제 겨우 발바닥의 때만큼 정도 하나님과 부처님의 마음을 어렴풋하게 더듬고 있다. 삶의 목적이 '진리를 향하고 있어야 한다는 것'을 놓치지 않고 있었기에 가능한 일이었다. 이는 세상의 그 어떤 부와 명예와도 비교가 되지 않을 자산이다. 그 어떤 것과도 바꿀 수 없는 보배임에 틀림 없다.

이런 면에서 보면 삶에서 진리와의 반려만큼 남는 장사는 없을 것이다. 인간의 영역에서는 제아무리 돈독한 반려 관계를 형성했다고 하더라도 시간과 함께 단절을 맛보게 되어있는 것이 이치다. 그러나 진리와의 반려는 그 남음이 확실하여 변함없이 영원한 관계가 보장된다. 하여 자신 있게 권할 수가 있다. 흔들림 없이 주장할 수 있다.

외롭고, 답답하고, 슬프고, 아프고, 고통스럽고, 힘에 부치거든 진리를 반려 삼아야 한다는 것을 말이다.

알레르기 비염

알레르기 비염을 가지고 있다. 엄밀히 따지자면 가진 것은 아니고, 일방적으로 들어온 점령군에 가깝다. 군 복무기간부터 증상이 있었으니, 40년 가까운 세월을 알레르기 비염과 함께하고 있다.

30년을 함께하는 아내보다도 더 오래된 사이다. 부부는 애틋한 관계지만, 이놈과는 무슨 관계로 이렇게 얽혀 있는지, 아직도 파악이 안 되고 있다. 일방적으로 당하는 꼴이면서도 떨쳐 내지 못하는 것을 보면, 어지간히 얽히고설킨 관계인 것만은 분명해 보인다.

비염은 군 복무 당시의 근무환경과 밀접한 관련이 있다. 하여 그 배경을 살펴볼 필요가 있다. 호적의 나이가 줄어 불가피하게 의경으로 입대하였다. 고향 읍내에 있는 경찰서에 배치되었고, 지서(옛 이름 파출소 현재는 지구대로 부름)와 유치장과 상황실 등을 거치며 꼬박 3년간을 복무했다. 80년대이니 군사정권의 시절이

철부지의 삶, 개똥철학이 있어 좋다

다. 민주화 시위가 절정에 달하던 때다. 종종 시위대를 막는 일명 데모진압 작전에 투입되기도 했다.

5월경이었던 것으로 기억된다. 그날은 멀리 대전에서 벌어진 시위진압 작전에 투입되었다. 시위는 격렬했고, 진압 복장 속의 열기는 감당하기가 어려운 지경이었다. 온종일 최루탄가스를 뒤집어쓴 채 식사했고, 보도블록 위에 드러누워 눈을 붙였다. 땀으로 목욕을 했고 화학물질은 온몸을 자극했다. 저녁이 되자 시위대는 해산하였고, 한밤중이 되어서야 복귀하였다. 빨리 씻어야겠다는 생각이 간절했다. 그러나 어쩌랴 비록 의경이지만 엄연히 서열이 존재하는 군대다. 샤워장 순번을 기다리다가 어쩌나 피곤했는지 세수도 못 하고 그대로 잠이 들었다. 안타깝게도 목욕은 아침 기상을 해서야 겨우 그것도 찬물로 할 수 있었다.

이런 상황이 시발점이었다. 온종일 콧물과 재채기에 정신이 없었다. 두루마리 휴지 한 통을 다 써도 모자랐다. 처음엔 그저 단순한 감기인 줄만 알고 약국에서 지어준 감기약을 복용했다. 콧물감기는 잠시 회복되었다가도 약 기운이 떨어지면 다시 도지길 반복했다. 온종일 코를 풀어대니, 코는 벌겋게 달아올랐다. 증상이 호전되더라도 코 막힘까지는 없어지는 것은 아니라서 머리도 개운하지가 않았다. 코를 훌쩍거리느라 집중력이 떨어지니, 업무를 제대로 수행하기도 힘들었다.

병원을 찾았다. 증상을 살피던 의사는 알레르기 비염이라는 진단을 내렸다. 당시만 해도 환경오염이 덜했던지, 알레르기라는 단어가 생소하던 때이다. 지금처럼 인터넷을 통해서 정보를 접할 수 있었던 것도 아니었다. 한번 시작되면 회복이 어려울 수 있다는 의견이 다였다. 감기약인 ○○600이라는 알약이 증상 완화에 도움이 되었기에 증상이 있을 때마다 복용하였다.

알레르기 비염은 전역하고 복학을 한 이후에 더 심해졌다. 서울의 대기오염이 시골과는 비교가 되질 않을 정도로 심했으니 당연했다. 거기에다 대학생으로서 담배와 술은 당연했다. 흡연과 음주는 사회생활의 기본이던 시절로 비행기, 버스, 지하철에서도 담배를 피우던 때다. 대도시의 환경오염과 음주 흡연까지, 치료는 고사하고 증상은 날로 심해지기만 했다. 코는 점점 딸기코의 모습으로, 성격은 예민하게 변했다.

이 모습으로 직장 일을 해야 했고, 아내를 만나 결혼도 했다. 이후 나의 이런 모습을 옆에서 지켜본 아내도 적응하느라 꽤 힘들었을 것이다. 다행히 무던하고 이해심이 깊은 사람이어서 얼마나 고마운지 모른다.

알레르기 비염은 심각하게 건강을 위협하거나 생명을 빼앗거나 하는 병은 아니다. 다만, 신체적으로 다소 불편하며 사회생활을 하는 데 있어 제약조건이 되기는 한다. 그러니 자칫, 오해를 받기도 하고 실수도 한다. 이처럼 알레르기 증상은 말로는 표현하기 힘든 어려움을 동반한다. 때론 증상이 심하여 몸을 가누지 못할 지경인 경우도 있다. 이런 상황에서는 평소와 같은 다정다감하고 합리적인 언행을 유지하기가 어렵다. 허둥대거나 서둘러 자리를 피하고 싶은 생각뿐, 주변을 살필 겨를이 없다. 그러니 이런 때 마주쳤던 인연은 오해하거나 불쾌할 수도 있게 마련이다. 기회가 되어 전후 상황을 설명하기라도 하면 좋겠지만, 그렇지 못

철부지의 삶, 개똥철학이 있어 좋다

한 경우는 편견을 갖거나, 좀 더 나은 인연으로 전개되는 데 있어 걸림돌이 되었을 것이다. 알레르기 비염의 증상을 완화해주는 항히스타민제는 입이 마르고 졸음을 동반한다. 한번은 회사의 워크숍에서 발표자로 나섰다가 입이 말라서 발표를 망치고 수모 아닌 수모를 겪었던 적도 있다.

40년이면 짧은 시간이 아니다. 공부했으면 박사학위 몇 개쯤은 따고도 남을 시간이다. 이런 시간을 고스란히 함께한 당사자다. 알레르기 비염에 있어서만큼은 누구보다 잘 안다고 자부한다. 양방과 한방은 물론 각종 기기와 민간요법까지를 섭렵했다고 해도 과언이 아니다. 여기에는 의사면허가 무색할 정도로 돈벌이와 사기행각을 일삼는 꽤 이름이 알려진 파렴치한도 많았다.

이제 나의 알레르기 비염은 치료보다는 완화된 상태로, 생활에 불편을 최소화하는 것에 맞춰져 있다. 금연과 금주는 기본일 수밖에 없다. 체력적인 요인, 주변 환경직 요인, 성격적인 요인이 작용하는 것도 사실이다. 그러나 가장 주된 요인은 음식물에 있다고 보는 것이 맞다. 음식물 중에서도 MSG와 관련된 화학물질이 내 알레르기 비염의 원인으로 결론이 내려졌다.

정제 식용유와 MSG(L-글루타민 나트륨, 향미증진제, MSG, L-글루탐산나트륨, 화학조미료, 분말 조미료, 단백질 가수분해물(HVP), 자가분해 단백, 농축 단백질 등으로 표기되고 있음)가 첨가된 식품과 음식물, 아스파탐이 첨가된 각종 음료수와 과자류 등을 통하여 수산화나트륨(가성소다 또는 양잿물)과 메탄올(페인트 부동액 워셔액 등의 첨가물질로서 흡수되면 포름알데히드로 축적됨)성분은 극히 소량이기는 하지만, 우리 몸에 흡수가 된다. 이러한 화학물질들은 몸 밖으로 배출되지 않고, 몸속에 축적되며, 신경계통에 심각한 영향(치매, 알츠하이머 등 각종 뇌 질환과 연관이 깊다)을 준다. 특히나 임산부나 영유아의 경우에는 그 영향력이 상당하다는 연구 결과가 있다.

예민한 체질은 이러한 화학물질을 거부하거나 민감하게 반응한다. 이 거부반응이 알레르기 반응이다. 대표적으로 알레르기 비염, 알레르기 피부(두드러기와 발진), 알레르기 두통, 알레르기 쇼크 등이다.

최초 알레르기 비염의 발현은 최루탄 가스였다. 원인 물질이 귀결되기까지는 그랬다. 그러나 오랜 기간 좁혀져 밝혀진 것이 MSG이고, 의무경찰 근무 당시 경찰서 구내식당의 상황과 맥이 닿았다. 의무경찰도 군 복무다 보니, 식비로 책정된 예산은 넉넉하지 않았을 터이다. 더구나 자체 운영이 아니고, 연줄에 의해서 외부 업체가 운영하는 형태였다. 이윤을 남기려 재료로 맛을 내기보다는 화학조미료에 맛을 의존했음이 분명하다.

군 생활을 하는 군인 신분이었다. 게다가 서슬이 시퍼런 군사정권이 아닌가? 언감생심 밥투정을 한다는 것은 거의 불가능한 상황이었다. MSG가 범벅인 음식을 말 한마디 못 하고 먹으며, 그저 뒤에서 중얼중얼 뒷북을 쳤었던 기억이다. 강하지 못했던 체력이 축적된 MSG에 힘겨웠을 것이 분명하다. 이런 고갈된 체력이 최루탄가스의 강한 자극에 격하게 반응하였을 것이다.

알레르기 비염은 꽤 많은 삶의 변화를 요구한다. MSG가 많을 것 같은 음식을 애써 피하는 편이다. 국물이 있는 음식의 경우 국물은 될 수 있는 대로 남긴다. 국물에 녹아 있는 MSG를 적게 섭취하려는 요령이다. 중국 음식의 짬뽕이 그렇고 김치찌개도 비슷하다. 대부분 면만 건져 먹거나 건더기만 먹게 된다. 자장면의 경우 주문을 할 때 알레르기가 있음을 말하고 MSG를 넣지 않고 조리해 주길 부탁한다. 예외 없이 돌아오는 답이 있다. 맛이 없을 텐데도 괜찮겠냐는 말이다.

혹여, 외식하고 속이 더부룩하고 두통이 생기거나 콧물, 재채기, 피부발진 등의 반응이 있으면 한 번쯤, MSG 알레르기 반응을 의심해 볼 만하다. 덧붙여, 압착이 아닌 정제과정을 통하여 만든 식용유도 수산화나트륨(가성소다 또는 양잿물)을 이용하여 중화 과정을 거치므로 같은 증상을 보일 수도 있으므로 주의하여 살펴볼 필요가 있다.

오랜 기간 알레르기 비염과의 동반이 결코 바람직한 것은 아니다. 그러나 불완전한 개체에게 있어 불편만을 안겨주는 것만은 아닐 수도 있겠다는, 다소 엉뚱한 생각을 하게도 한다. 순리를 무시하고 사는 못난 인간에게 기회를 주는 것일 수도 있고, 정돈에 대한 강박과 까칠한 밴댕이 소갈딱지 같은 모난 성격을 둥글게 다듬으려는 자연의 섭리가 아닐까 하는.

하나 더 긍정적인 것은 타고난 근력에 맞게 몸을 유지하고 살아야 한다는 것을 일깨워 주고 있다고도 보인다. 알레르기는 해가 되는 물질로부터 몸을 보호하려는 본능적인 반응이다.

MSG를 과다하게 섭취하여 알레르기 비염 증상이 나타나면, 24시간 정도 콧물과 재채기를 통하여 이물질을 몸 밖으로 배출한 이후에야 정상으로 회복된다. 이때는 좀 빨리 편안해지려고 항히스타민제를 복용하게 되면 일시적으로 진정은 되나, 회복이 더디고 코 막힘과 이물질이 목으로 넘어가는 현상이 나타난다.

이런 상황을 수없이 겪어 본 결과로는 자칫 안 좋은 물질의 누적으로 인하여 알츠하이머, 치매, 뇌졸중 등이 발생하는 것을 미리 막아주는 것이라 여겨진다. 또한, 몸의 근기에 맞춰 음식을 절제하기도 하고, 술과 담배를 멀리하게 되는 긍정적인 면도 있다.

알레르기 비염을 가지고 산다는 것은 여간 어려운 일이 아니다. 이것으로부터 오는 행동의 제약도 만만치가 않은 것이 현실이다. 그러나 자연의 이치를 토대로 곰곰이 생각해 보면, 이만큼이라도 몸을 유지하고 살 수 있는 것이, 어쩌면 알레르기 비염 덕분이라는 생각도 하게 된다. 그렇지 않고 경거망동 막무가내로 살았다면, 과연 지금과 같은 건강한 상태를 유지할 수가 있었을까 하는 강한 의구심이 들기도 한다.

하여 이제는 받아들이며 산다. 알레르기 비염 증상이 나타나는 날이면 의도하지 않아도 멈추게 되니 감사하다. 멈춤을 통하여 자연스럽게 지금 여기, 이 순간이 진리임을 저절로 깨닫게 된다. 알레르기 비염은 내 삶의 둘도 없는 동반자다.

목욕재계

　10살 무렵, 대중목욕탕을 처음 접했다. 영등포구 양평동의 변두리 어디쯤 있는 목욕탕일 것이다. 형님 손에 이끌려 간 목욕탕은 인산인해였다. 시골뜨기 촌놈인지라 주눅이 잔뜩 들 수밖에 없었다. 형님만 졸졸 따라다녔다.

　발가벗는 것도 어색했지만 시골 양반가(?)에서는 보지 못했던 어른들이 집단으로 벗은 모습은 처음 접하는 터라, 어디에 눈을 두어야 할지 고민스러웠다. 이것부터 해서 대중목욕탕의 첫 체험은 그리 만족스럽거나 유쾌한 기억이 아니다.

　수증기로 가득한 목욕탕으로 들어서는 순간, 뜨거운 열기에 숨이 턱 막혔다. 형님은 사람들로 가득한 온탕 안으로 들어가더니 따라서 오라고 손짓을 했다. 한쪽 발을 넣었다. 얼마나 뜨겁던지 기겁을 하고 발을 뺐다. 일순간 온탕 안의 시선이 나로 집중되었다. 형님은 탕 안으로 들어오라고 재촉했다. 시골뜨기의 겨울 목욕은 연중행사만큼이나 드문 일이다. 하여 탕에 오랫동안 담고 있어야 묵은 때를 벗겨 줄 수가 있으니 그랬을 터이다. 그러나 한

번 맛본 물의 온도는 말 그대로 설설 끓고 있는 가마솥 같아 도저히 들어갈 용기가 나질 않았다.

여기저기서 응원의 메시지가 던져졌다. 우선 죽을힘을 다해 탕에 들어갔다. 그런데 도저히 가마솥에 몸을 밀어 넣을 용기가 나질 않았다. "천천히 앉으면서 몸을 담가라." 앞쪽에 있던 할아버지 한 분이 말씀하셨다. 발, 무릎, 엉덩이, 허리, 가슴의 순서로 몸이 뜨거운 물에 간신히 잠겼다. 그래도 목욕탕에 관한 생소함과 공포감이 엄습했다. 게다가 가득 찬 사람들과 떠드는 소리, 앞을 분간할 수가 없는 수증기와 열기에 정신이 혼미했다. 이대로 있다가는 죽을 수도 있겠다는 생각이 들었다. 형님한테 말할 사이도 없이 가마솥을 나와서는 목욕탕 문밖으로 뛰쳐나왔다.

수건을 제공하던 시절이 아니었다. 물이 뚝뚝 떨어지는 채로 서성였다. 모습이 안됐던지 주변에 있던 아저씨가 직원한테 수건 좀 주라는 소리도 하였다. 촌에서는 영특하다는 소릴 들어가며 반장을 도맡아 하고 있는 몸인데, 체면이 구겨질 대로 구겨졌다. 다행히 상황을 파악하여 형님이 뒤따라 나왔다. 목욕은 미완으로 물만 묻히고 끝나 버리고 말았다.

대중목욕탕 하면 문신한 조폭과의 에피소드, 엄마 아빠를 따라가서 겪었던 일화 등이 회자되곤 한다. 그런 유형은 아니지만 떠오르는 대중목욕탕의 일화가 있어 미소를 짓는다. 고향 예산은 수덕사, 예당저수지, 윤봉길 의사 생가, 추사고택과 더불어 빼놓을 수 없는 곳이 덕산 온천이다. 고향마을에서 좀 먼 거리라서 자주 가지는 못한다.

철부지의 삶, 개똥철학이 있어 좋다

군대 시절 휴가를 나와 친구와 덕산 온천 대중탕에 갔었다. 주말이 아니어서 그런지 온천은 한산했다. 여유롭게 온천을 즐길 수 있었다. 둘은 서로의 등을 밀어주기도 하며 군 생활의 고단함을 씻어냈다. 옆을 보니 나이가 지긋한 어르신이 몸을 씻고 있는 것이 보였다. 다가가서 등을 밀어 드리겠노라고 말씀드렸다. 지금이야 생소한 장면이지만 모르는 사이라도 서로 등을 맡겨 밀어 주는 것이 자연스러웠던 시절이다. 특히 연세가 드신 분들은 부모님을 생각해서 등을 밀어 드리는 것을 당연하게 여겼다. 그런 마음으로 자청한 것이다.

받으시는 분도 흔쾌히 응하셨다. 그런데 그분은 등만 맡기시는 것이 아니라, 세신사가 사용하는 목욕 베드로 올라가서 엎드리셨다. 목부터 등, 팔다리까지를 깨끗하게 밀었다. 등에 물을 끼얹을 요량으로 바가지에 물을 푸는데, '어라! 이게 뭐지?' 몸을 똑바로 눕히고 있는 거다. 아! 그때야 알았다. 나를 세신사로 착각하고 있다는 것을. 그러나 어쩌랴! 벌써 세신사가 되어 버렸는걸. 중요 부위는 물론 온 몸의 때를 밀어드릴 수밖에 없었다. 때를 다 밀고 나서야 말씀을 드렸다. "어르신 저는 세신사가 아닙니다. 혼자서 오셨기에 등을 밀어 드리려고 했던 겁니다." 당황하시는 모습이 눈에 선하다. 그렇게 세신사의 임무를 마치고 밖으로 나왔다. 나무 그늘 밑 의자에 앉아 담배를 피우고 있었다. 그런데 그 목욕탕 손님(?)께서 먹음직스럽게 익은 수박을 쟁반 가득 담아 가지고 오셨다. 아까는 오해해서 미안하다고 하셨다. 본인은 서울에 사는데 철도공무원으로 퇴직했다는 이야기며, 종종 덕산 온천엘 다녀간다고 말씀하셨다. 기특하고 대견하다는 칭찬을 들어서 그랬는지, 그날 먹었던 수박은 유난히 더 달고 시원했다.

　요즘은 젊은 층을 중심으로 차를 목욕(세차)시키는 것이 유행이다. 그래서 그런지 셀프세차장 사업이 번창하고 있다. 개중에는 세차에 대한 노하우를 단단하게 쌓은 일명 세차 마니아들도 꽤 많아 보인다. 세차장의 형태도 다양할뿐더러 가히, 세차 문화의 전성기라고 할 만한 볼거리와 즐길 거리를 제공하고 있다. 주유소 자동세차가 아닌 셀프세차를 해보려고 인터넷을 검색해 봤다. 앞다투어 셀프세차장 소개와 세차 용품 쇼핑몰, 세차 마니아들의 안내가 펼쳐졌다.

　우선 세차 용품은 카 샴푸, 코팅 왁스, 철분 제거제, 유리 세정제, 실내 세정제, 휠 세정제, 타이어 왁스, 워시 미트, 휠 미트, 유리 타월, 멀티 타월, 드라잉 타월, 버킷이 있어야 한단다. 덧붙여 실내 송풍구의 사이사이에 낀 먼지 제거용 면봉도 있어야 함을 이야기하는 곳도 있었다. 대단한 세차 스킬이다.

　세차 순서도 일목요연하게 정리하여 제시하고 있다. 엔진 열 식히기, 실내와 엔진룸 청소, 프리워시(고압수 초벌세척), 철분과 타르 등 이물질 제거, 폼 분사, 버킷 세차 및 미트질, 고압수 거품 세정, 물기 제거, 유리 세정 및 광택 내기 등등이다. 대충해서 그렇지 세세하게 짚을 것이 참 많다. 이렇게 세차를 한다면 서너 시간은 기본일 것이 분명하다.

　요즘 친구들 참 꼼꼼하다. 아니 철저하다. 차체를 구성하는 부품의 재질과 상태를 분석하여 세심하게 차를 관리하고 있다. 차를 그저 생활의 편리가 아닌 반려동물이나 식물과 같은 반열에 올려 보호하고 있다.

세차 마니아들의 차에 대한 애정은 승용차를 부와 신분을 과시하려는 세대와는 다른 측면이 있어 보인다. 깨끗하게 세차하고 드라이빙을 한다는 것은 기분전환을 위한 좋은 방법일 수 있다. 일상을 잊고 세차에 집중하게 되니, 몰입감과 성취감이 상당할 것이다. 그러나 너무 과한 측면이 있어 보이기는 한다. 하여 차를 자신의 분신처럼 여기고 있는 것은 아닌지, 세차가 인간관계의 결핍과 상처를 피하고 있는 하나의 도피처인 것은 아닐지 하는 염려가 들기도 한다.

한편으로는 차에 쏟는 애정만큼 자신을 위한 세신은 어떤지가 궁금해졌다. 자신을 지탱하고 있는 몸과 마음은 어떻게 목욕시키고 있는지를 물어보고 싶어졌다. 머리와 몸통과 사지, 눈, 코, 귀, 입 등 각종 부위, 오장육부 등 각종 장기의 상태는 살피고 있는지, 나라고 여기며 붙들고 있는 자신의 마음은 청소를 제대로 하는 것인지도 궁금하다.

몸이 피곤하거나 하프면 쉬기도 하고 병원엘 간다. 그러나 정작 몸보다 훨씬 중요한 마음은 소홀히 하는 경향이 있다. 하는 짓이라곤 음주·가무로 달래거나 재미와 흥분 거리로 잠시 잠깐 덮어두길 반복하는 것 같다.

이래서는 곤란하다. 곪아 터질 확률이 높다. 몸과 마음은 한줄기로 붙어 있다. 하여 마음이 무너지면 몸이 따라서 무너지게 마련이다. 정성 들여 차를 닦듯 마음을 덜어내고 닦아내는 것에도 조금 다가갔으면 하는 바람이 든다.

목욕재계라는 말이 있다. 신성한 의식을 치르기 전에 부정한 행동을 삼가고 몸을 깨끗이 하는 등 몸가짐을 단정히 하는 행위를 일컫는다. 예부터 나라, 마을, 집안의 중요한 일정이 있을 때는 임금, 촌장, 가장 등 이를 주관하는 사람은 물론이고, 구성원 전체가 마음을 하나로 모으기 위해 언행을 조심하고 마음가짐을 경건하게 했다. 자칫, 행사가 소홀하여 화를 부르게 됨을 경계한 것이다.

삶을 살아가는 것도 이와 별반 다르지 않다. 아니 다르지 않은 정도가 아니라 이보다도 몇 배 더 소중하다. 그러므로 세신과 세차에 공을 들이는 만큼만이라도 내면의 목욕에도 소홀함이 없었으면 하는 바람이다.

우리가 애정을 쏟을 곳은 결코 몸과 차가 아님을 알아야 한다. 우리가 간절하게 붙들어야 하는 것은 '진리의 삶'이라는 사실을 잊어서는 곤란하다. 자신의 마음을 깨끗하게 청소하고 닦아내는 준비가 있어야 진리에 이를 수가 있다. 이제부터라도 '세심'으로 진리에 다가가는 '진리의 마니아'가 되는 것은 어떨까 한다.

철부지의 삶, 개똥철학이 있어 좋다

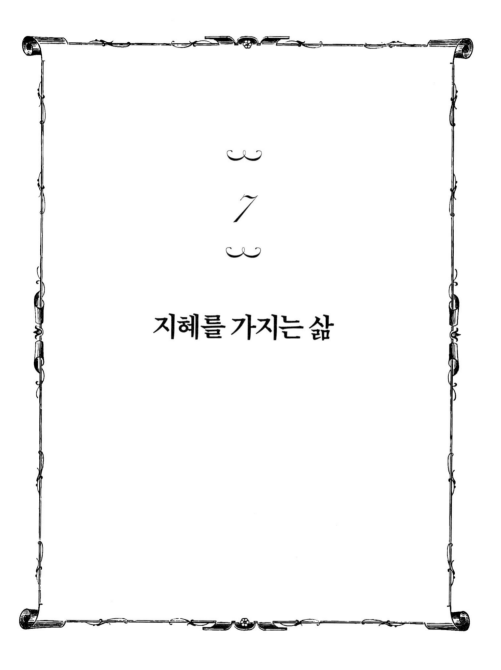

7

지혜를 가지는 삶

독생자
(천상천하 유아독존)

하나님의 실체를 정확하게 깨우친 인간이 표현할 수 있는 최적의 말이 '독생자(천상천하 유아독존)'가 아닐까 한다. 그러므로 예수와 석가모니께서 깨우친 것과 같은 하나님의 실존을 체득하지 못한 채, 하나님을 안다고 하는 것은 자기가 규정한 허상의 하나님을 접신하고 있는 것이나 다름없다 할 것이다.

'독생자(천상천하 유아독존)'는 결코 예수와 석가모니 당신들 자신을 표현한 말이 아니다. 이들이 이렇게 말한 것은 단지, 창조주 하나님의 실체적인 진실과 자기 자신들의 위치를 확인했다는 걸 의미한다.

인간은 항상 자기중심적인 사고에 빠져 헤매는 우를 범하곤 한다. 따라서 하나님의 존재를 인간의 속 좁은 틀로 확인하려고만 고집했다. 하긴 기독교는 16세기까지도 지동설을 인정하려 들지 않았으니, 얼마나 우매하고 편협한 사고에 갇혀 있었는지를 짐작하고도 남는다.

반면에 예수와 석가모니는 자기 자신을 모두 비워낸 분들이다. 내가 없으니 당연히 하나님 부처님이 임했으리라. 그러니 하나님 부처님의 관점에서 인식한 세상은 지금까지와는 전혀 다른 세상으로 다가온 것이다.

'하나님과 부처님은 무한한 우주 공간과 생동하는 우주 섭리 자체로 영생 불변하는 하나의 몸과 마음'이라는 실존에 다다른 것이다. 오로지 영생불변 하나의 진리인 하나님과 부처님을 마주한 것이다. 하나님과 부처님이 세상의 그 어디에 존재하는 것이 아니라, 세상 그 자체라는 사실 앞에 무릎을 꿇은 것이다. 오롯이, 하나님 부처님의 자식으로 거듭난 것이다.

달도 지구도 태양도 은하도 모든 천체도 머무는 곳은 우주허공이다. 우주허공은 시공간의 개념이 없이 무한하다. 이 무한의 존재인 우주허공은 생명 그 자체다. 생명이 있어 만상 만물이 생겨나와 산다. 이런 이치가 우리의 본질이다. 그러므로 우리가 온 곳도 여기 이곳이요. 돌아갈 곳도 여기 이곳이다.

여기서 말한 우주허공은 시공간이 있는 그런 우주를 말함이 아니다. 진리의 우주허공은 지구가 속한 태양계, 태양계가 속한 은하계, 은하계가 속한 은하 군단 등 과학으로 규정하고 있는 그런 우주를 고스란히 다 들어낸 그 빈 허공의 자리를 말하는 것이다.

사연이 있어 부모와 헤어진 사람들이 성장 후 애달게 부모를 찾는 것이나, 북한에 고향을 두고 온 실향민이 고향을 그리워하는 것이나, 은퇴 후 귀향하는 이들은, 모두 다 하나같이 본바탕이 간절하다. 왜냐하면, 본바탕은 어머니의 품처럼 온화하기에 그러하다.

이제는 되돌아와야 한다. 우리는 지금 고향에서 너무 멀리 떠나 왔다. 너무나도 멀어졌다. 벗어나도 너무 벗어난 삶을 살고 있다. 애처롭게도 정신없이 살다가 정신없이 사라지는 삶을 당연하듯 이 답습하고 있다. 정신을 차려야 한다. 정신을 차린다는 것은 우 주자연의 마음이 아닌, 자기 자신의 마음속에서 살고 있음을 알 아차림을 의미한다.

자기 자신의 마음은 세상에는 없는 혼자만이 있다고 착각하는 허상이다. 허상이니 당연히 생명이 없다. 죽음인 허상의 세계에 서 아무리 발버둥을 친다고 한들 별반 그 의미가 있을 턱이 없다. 그저 제 한 몸을 치장하고 뽐내다가 허망하게 삶을 마치게 된다. 정신을 차리지 못한 앞서간 모든 이가 그러했다. 나도 같은 꼴로 살고 있다. 그 전철을 밟을 가능성이 농후하다.

다행히도 '길이요 진리요 생명이라' 생명의 빛을 밝혀 준 진리의 화신이 있으니, 석가모니 부처님과 예수님이다. 진리의 화신은 빛으로 길을 안내하고 있다. 주저하지 말고 따라야 한다. 모든 걸 내려놓고 무조건 따라야 한다. 그것만이 덧없는 인생과 마침표를 찍은 일이다.

하나님 부처님의 자식으로 거듭난 이들에게는 그 어떤 것도 두 려울 것이 없다. 든든한 뒷배를 가졌으니 당연하다. 물론 욕심도 없다. 세상을 다 상속받았는데 무엇이 더 필요하단 말인가?

더욱이 개체를 떠났으니, 육신의 목숨과 사사로움 따위에 더는 연연하지도 않아도 된다. 마음 놓고 사는 걸, 마음 없이 사는 걸

실감하게 된다. 나 없어 전체가 하나라, 걸림이 없다. 살아서 영생천국에 도달한 것이다.

이것은 나를 내세우는 삶을 멈춘 이들에게 주어지는 특권이다. 자신의 고향으로 찾아든 자만이 누리는 행복이다. 무한대 우주의 몸과 우주자연의 섭리인 순리의 마음만이 가지는 대자유 대해탈이다.

진리는 내 마음이 없다는 것을 인정만 하면 만날 수 있다. 그 마음 붙잡고 살기를 포기만 하면 안길 수 있다. 하나님 부처님의 마음만이 진리임을 믿기만 하면 주어진다.

색즉시공(色卽是空)
공즉시색(空卽是色)

'엥! 있으나 없다, 없으나 있다' 뜬구름 잡는 것 같은 화두, 그저 말장난인 줄로만 알았다. 마음공부를 꿰지 못했을 때까지는 그랬다.

내로라하는 선지식이 풀어낸다고 풀어낸 말은, 본질을 피해 빙빙 언저리를 돌기만 하고 있다는 의구심을, 떨쳐 내기가 힘들었다. 풀어낸 말이 그럴듯해 보이기는 해도 난해하기가 그지없기만 했다. 무슨 말이든 어려우면 답이 아니다, 답이 아닌 것을 설명하려니 어려울 밖에 없다.

답은 쉽고도 간단했다. 화두는 마음을 말하고 있었다. '있으나 없다(色卽是空)'라는 것은 인간의 마음을 일컬음이다. '없으나 있다(空卽是色)'는 것은 부처님(하나님)의 마음을 일컬음이다. 이 구분이 단박에 와 닿는다면, 마음공부가 좀 되었다고 봐도 무난하다. 그렇지 않고 고개가 갸우뚱거려진다면, 마음공부가 좀 더 필요하다고 봐야 한다.

헛농사를 지었다는 말은 가을이 되어도 거둘 것이 없다는 의미다. 또 거두기는 했으나 알곡은 없고 쭉정이만 있다는 의미다. 농촌에서 나고 자란 이들은 종종 들었던 말이다. 때가 되어 저절로 거두어들이는 것 같지만, 그렇지 않은 것이 농사일이다. 어쩌면 햇빛과 비와 바람이 어우러진 자연이 준 선물이라는 표현이 더 적절할는지도 모른다.

농부는 부지런히 땀 흘려 노력한 결과를 가을에 추수를 통하여 확인하게 된다. 거둔 곡식으로 1년 동안, 연로한 부모님과 처자식들을 먹이고 뒷바라지해야 한다. 그러니 한시도 게으름을 피울 틈이 없다. 어릴 적 부모님의 농사철 모습이 그러했던 기억이다.

논농사는 따스한 봄 언저리 무렵, 이랴! 이랴! 워! 워! 아버지의 쟁기질 소리로부터 시작된다. 일등 농사꾼 누렁이 암소는 겨우내 콩깍지며 쌀겨를 듬뿍 넣어 구수하게 끓여낸 여물을 양껏 먹어서 그런지 힘 있게 쟁기를 끌어대고 있다. 목덜미 근육에 걸쳐진 멍에가 우리네가 살아가는 모습과 왠지 닮았었지 싶다. 보습에 파여 돌돌 말려 오른쪽으로 넘어지는 쟁기 밥이 일정하고 가지런한 상태는 아버지의 성품이었을는지도 모르겠다. 쟁기질은 참참이 쉬기를 반복하며 계속되었다.

새참이라고 해봐야 미숫가루나 설탕물 한 사발이 전부였다. 술을 못 드셨던 분이니, 막걸리의 정취는 없던 분이셨다. 부리망이 벗겨진 누렁이는 맑은 개울물로 목을 축이고는 풀을 뜯어 먹느라 정신이 없고, 어느 틈엔가 달려온 송아지는 어미의 젖을 정신없이 빨아대고 있다. 이런 모습을 미루나무 그늘에서 신기하게 바

철부지의 삶, 개똥철학이 있어 좋다

라봤던 기억이 생생하다.

못자리는 제일 윗배미 한 편에 마련된다. 쟁기질과 써레질이 된 평평한 논바닥에 2m가량 넓이의 모판을 만들었다. 이곳에는 싹이 튼 볍씨가 촘촘하게 뿌려져 자라게 된다. 모를 키우는 일은 논농사의 절반이라고 해도 과언이 아닐 정도로 중요하다. 그만큼 모가 튼실하게 잘 자라야 좋은 벼로 자라기 때문이다. 아버지는 중요한 것이니 만치 온 정성을 쏟아 못자리를 관리하셨다. 모와 함께 자라는 피와 잡초를 골라서 뽑아내기도 하고, 적당하게 물을 대주는 것도 잊지 않으셨다.

못자리의 모가 적당한 크기로 자라면 모내기를 통하여 써레질이 된 본 논으로 옮겨 심어진다. 모내기는 동네 전체가 품앗이를 통해 이루어졌다. 못줄을 띄우고 길에 늘어서 각자 움켜쥔 모를 서너 뿌리씩 떼어내 심었다. 넓고 긴 논에 모내기가 다 되어가는 모습은 흡사 방직기에서 파란색 옷감이 직조되어 나오는 것 같은 착각을 일으켰다. 모내기는 한 포기 한 포기 사람의 손으로 심어야 하는 고되고 지루한 반복 노동의 결정판이다.

병충해 방제, 제초작업, 물 대기와 물 빼기 등 어린애를 다루듯 하시는 아버지의 정성과 여름의 뙤약볕으로 벼는 튼실해진다. 그 노력으로 벼는 어느덧 배동이 서고 개화한다. 이삭이 맺히고 여물어 간다. 여물어진 벼는 고개를 숙이고 누렇게 익기 시작한다. 참새와의 실랑이도 잠시, 벼 베기를 위해서 논이 말려지고 추수의 계절이 도래한다. 베어진 벼는 한 단 한 단 묶여 세워진다. 말려진 볏단은 탈곡을 위해 마당으로 옮겨져 산더미 같은 볏가리로 쌓였다. 두 사람이 나란히 서서 발로 밟아 탈곡기를 돌려가며 낱알을 털었다. 떨어진 벼는 풍구로 들어가 잡티가 제거되었다. 이렇게 모아진 벼는 한문으로 일, 이, 삼 표기된 뒤주에 저곡된 것으로 해서 한철 벼농사는 대단원의 막을 내린다.

아버지는 뒤주에 쌓인 벼의 양을 가늠하여 그해 벼농사의 수확량을 헤아렸다. 예년과 비교된 섬수로 풍년, 흉년, 평년작으로 구분하셨지만, 또 하나, 알곡의 상태가 중요한 기준이 되기도 하였다. 흉년인 해를 보면 풍구로 날려버린 쭉정이가 유난히 많이 배출되어 나갔다. 쭉정이는 제구실은 고사하고 속이 텅 비어, 아무짝에도 쓸모가 없는 빈탕이다. 농부로서는 쭉정이가 많이 나온 해는 허탈감이 이루 말할 수 없이 클 수밖에 없다. 노력한 결과가 수포가 된 것이니 당연하다.

1년의 농사도 이렇듯 가슴 떨리게 소중하고 경건하다. 하물며 나의 한 번뿐인 인생이다. 농사야 잘못되면 새봄을 기다려 또 지으면 된다. 그러나 삶은 되돌리거나 다시 오지를 않는다. 오직 한 번만 주어지는 삶이다. 이러하거늘, 너무 쉽고 하찮게 여기는 것은 아닌지, 되돌아볼 일이다. 돈이 무엇이라고 이런 삶과 바꾼단 말인가? 명예가 무엇이라고 이런 삶과 바꾼단 말인가? 애욕이 무엇이라고 이런 삶과 바꾼단 말인가?

농사를 지으면 곡식을 거두게 된다. 그러나 한 번뿐인 삶의 끝에는 무엇이 남는단 말인가? 공허한 자기의 마음으로 살았으니, 거두기는커녕 허망함만 잔뜩 짊어지고 애달파할 것이 분명하다. 그렇게 많은 인류의 조상들이 보여주고 떠났다. 그 어떤 재산가도, 권력자도, 지식인도 다르지 않았다. 흩어질 구름에 제아무리 철옹성을 쌓은들 별반 효용 가치가 없다는 것은 이제 자명해졌다.

세상을, 인간의 마음 즉, 자기의 마음으로 보고 있으니, 답답하고 앞이 캄캄할 수밖에 없다. 반대로 세상을, 자기의 마음이 아닌, 하나님(부처님)의 마음으로 본다면 어떻겠는가? 당연히 천지개벽할 일이 벌어진다.

앗! 눈치를 챘는가? 그렇다. 부처의 마음으로 본 세상은, 당연히 부처의 세상일밖에 더 있겠는가? 천국과 극락은 이렇게 오는 것이다. '세상에나! 이런 세상이 열리다니!'

죽어야 간다고 알고 있었다. 그러니 당연히 그날이 와야만 갈 수 있을 것으로 믿고 있었다. 왜 그럼, 이렇게도 쉽게 도달할 수가 있는데도 죽어야만 간다고 했을까. 그것은 진짜로 죽어야만 갈 수 있기 때문이다. 즉 몸이 숨을 멈춘 상태처럼, 자기의 고집과 집착을 하나도 남김없이 털어내야 가능하기에 그렇다.

나의 모든 것은 죽음과 함께 사라진다. 목숨은 물론이거니와 돈, 명예, 사랑, 일, 인연, 가족, 슬픔, 기쁨, 아픔, 원수 등 그 어느 것 하나도 붙잡고 있을 수 있는 것이라곤 없다. 나라고 하면서 악착같이 부여잡고 있던 모두 다가 말이다.

아이러니하게도 나의 앞길을 막고 있었던 것이 다름 아닌 내가 그렇게도 목숨처럼 여겼던 것들이다. 그러니 살았으나 생명이 없는 삶이었고, 부여잡고 살았으나 남음이 없는 삶이었다. 영생불변 진리의 삶과는 거리가 멀었으니, 당연한 것 아닌가?

세상에 영생불변한 존재는 오직 부처님 하나님의 마음뿐이다. 그 마음만이 길이요. 진리요. 생명이다. 반하여 나의 마음은 허망이요. 없음이요. 죽음이다. 그러니 제아무리 좋은 그림을 그려도 일장춘몽일 수밖에 없음을 명심 또 명심할 일이다. 그리고 실천할 일이다. 한 번뿐인 인생, 단 하루를 살아도 하나님 부처님의 마음으로 살아야 하지 않겠는가?

예지능력
(豫知能力)

　　마음공부를 하면서 가장 눈에 띄는 변화는 상황을 판단하는 능력이 월등히 좋아진 것이다. 이를 눈치를 챈 몇몇 지인은 특별한 예지능력이 생긴 것이 아닌가 하는 의심의 눈길을 보내오기도 한다. 수십 년간 조금은 다른 길을 걸어온 것을 아는지라 그럴 만도 하다. 그러나 아쉽게도 예지능력은 소설책에나 나오는 것이지 '지금 여기뿐인 세상'에는 존재할 수가 없는 허황한 이야기이다.

　이것은 '예지(豫知 어떤 일이 일어나기 전에 미리 앎)' 하는 능력이 생긴 것이 아니다. 단지 '예지(叡智 사물의 이치를 꿰뚫어 보는 지혜롭고 밝은 마음)' 하는 능력이 조금 생긴 것에 불과하다. 그런데 지혜롭고 밝은 마음도 쉬운 말인 것 같지만, 뜬구름 잡는 격으로 갈피가 잡히지 않는 것은 매한가지다. 왜냐하면, 모든 것이 마음을 이야기하는 것이기 때문이다.

　마음은 각각의 인간만이 가지는 허상 세계에 불과하다. 갈팡질팡하는 것이 인간 마음의 속성이다. 이런 마음이니 예지능력이 간절할 수밖에 없다. 그러나 아쉽게도 진짜 세상에는 인간이 바라는 그런 예지능력 따위는 존재하지 않는다. 그러므로 당연히 하나님 부처님도 예지능력이란 것이 따로 없다. 왜냐하면, 순리의 세상에는 예지능력 따위는 아무런 소용이 없기에 그렇다.

예지능력이란 것이 경계가 있어 이를 넘어보고자 하는 간절한 갈망에서 나온 것이다. 진짜 세상은 순리가 섭리다. 이런 진짜 세상에 천당과 지옥, 죄와 벌, 사탄과 천사, 죽음과 심판 등의 경계라니, 가당찮은 이야기다.

경계란, 인간의 허상 세계에나 존재하는 말장난에 불과하다. 어찌 보면 갈피를 잡을 수 없는 절박한 심정에서, 이를 한 번에 해결해 줄 수 있는, 그 무엇에 매달리고 싶은 것은 당연하다. 나만 가지는 예지능력이나 신의 보살핌이 있다면 좋겠다고 생각할 수밖에 없는 것이 인간의 한계다.

자기의 옹졸한 마음을 벗어나 보면 모든 것이 선명해진다. 정전으로 캄캄했던 방안에 전등이 켜지는 것과 같이 사리 분별에 있어 지혜가 열린다. 예지능력이라고 하는 것이 그리 특별한 것은 아니다. 우선 우물 안 개구리의 시각에서 벗어나는 것이 중요하다. 세상은 넓고 넓어 무한대의 공간이라는 것을 명심할 필요가 있다. 우물 안에 갇힌 개구리의 마음으로는 예지능력이 생겨날 리가 만무하다.

자살이라는 극단적인 선택도 어찌 보면 우물 안에 갇힌 마음에서 일어난 것이라고 보는 것이 맞다. 죽음의 고비를 넘기고 훗날 자신의 행동을 되짚어 보면, 우물 안에 갇혀 있었던 것이 분명하

철부지의 삶, 개똥철학이 있어 좋다

게 드러나게 되어있다.

또 하나, 중요한 것은 벌어진 상황 속에 내가 없어야 한다. 나 없음의 지혜는 놀라운 예지능력을 가져온다. 옆집 아이의 문제점과 해결책은 보이면서 정작 자기 자식의 문제에서는 갈피를 못 잡고 헤매는 것이 그 예다. 회사 운영에서도 오너나 경영자가 이런 경우에 처한 예가 많다. 그것은 욕심, 아쉬움, 자존심 등이 섞인 복합적인 상황이 이치를 꿰뚫어 보는 지혜를 가려 버리기에 그러하다.

해결책이 없어 답답한 상황에 부닥쳤을 때 묘책을 찾아 허둥대기보다는, 가만히 자신의 마음을 들여다보는 자세가 중요하다. 마음이 우물 안에 갇혀 있지는 않은지, 냉정하게 자신을 바라보는 여유가 필요하다. 또한, 순리로 풀고 있는지, 아니면 온갖 잡념에 젖어 자신만의 고집을 부리고 있는 것은 아닌지를 판단해야 한다. 그렇지 않고 계속해서 우물 안에 머물며 내 아이, 내 회사, 내 문제라는 마음으로 매달리는 한, 점점 더 상황은 오리무중 대략 난감으로 치달을 가능성이 짙다.

흔히들 말한다. 마음을 비워라. 마음을 버려라. 마음을 내려놔라. 이것은 내 마음에는 예지능력이 없다는 뜻이다. 예지능력이 없는 답답한 마음은 아무런 쓸모가 없다. 그러니 비우고 버리고 내려놓음에 답이 있음을 알아야 한다.

폐가에서 만난 불심

　　　　　일하고 있는 회사와 가까운 곳이라서 경기
도 화성시 매향리(梅香里)를 접하게 되었다. 원래는 고온 포구가
있어 고온리로도 불러오던 곳이다. 현재 고온 포구는 고온 항으
로 명명되고 있다. 처음 고온 항이라는 표지판을 보고는 참 정감
이 가는 이름이라 여겼었다. 지리적으로 온화하고 따뜻한 포구여
서 붙여진 것으로 보인다. 매향리는 매화향이 그윽한 마을이라서
지어진 이름이다. 그러나 아쉽게도 이름과는 동떨어진 마을로 50
여 년을 보내야 했던 곳이다.

　이곳은 미군이 주둔하며 해상과 육상에 사격장을 만들어 공군
이 사용하던 쿠니사격장이 있었다. 매화향이 퍼져야 할 마을에
화약 냄새가 진동하고 전투기 굉음이 끊일 날이 없었으니 아이러
니하기만 하다. 이제 미군기지는 철수하고 해상과 육지를 지배하
던 쿠니사격장은 문을 닫았다. 주민들의 품으로 돌아간 바닷가는
굴을 포함한 각종 해산물의 보고가 되었다. 미군이 주둔했던 육
지는 평화생태공원과 야구 테마파크인 화성 드림파크로 탈바꿈

　　　　　　　　　철부지의 삶, 개똥철학이 있어 좋다

했다. 바로 옆에는 100만 평 규모로 기아자동차 공장인 AutoLand 화성이 있어 연 60만 대의 자동차를 생산하고 있다. 이에 맞춰 마을에는 수만 그루의 매화나무를 심는 등 진짜 매향리로 탈바꿈을 하는 중이다.

작년 겨울 매향리 수산물판매장에 굴을 사러 간 적이 있다. 굴은 직접 채취하고 껍질을 까서 굴 알맹이로 판매한다. 사간 굴로 떡국을 끓여 먹었다. 매화향이 베어서 그런지 그 여느 떡국보다 맛이 있었던 기억이다. 그 맛이 그리워 굴을 채취하는 겨울이 좀 쑤시게 기다려진다.

바닷가에서 좀 멀리 떨어진 매향리 안쪽 화산마을에 있는 오래된 한옥 매물이 있어 답사하러 갔었다. 아래채 대문간 대들보에는 단기 4294년 신축년이라 적혀 있다. 지은 지 62년이나 된 기와집이다. 나보다 두어 살 더 먹은 집이다. 한옥은 안마당을 사이에 두고 본채와 아래채로 나누어져 있다. 대문 바깥으로 꽤 넓은 마당이 있고, 뒤뜰도 제법 넉넉한 것으로 봐서 대지는 족히 300평은 될 듯하다. 기둥, 석가래, 대들보 등 뼈대를 이루는 목재와 대문의 위용으로 짐작하건대, 살림살이가 넉넉한 집이었을 것으로 보인다. 안마당은 잡초와 잡목이 뒤덮여 안채로 접근하기조차 어려운 형편이다. 비워진 지가 한두 해가 아닌 듯하다. 비워진 채 스러져 가는 고향 집이 클로즈업되어 감회가 남다르다. 이처럼 하루가 다르게 생기를 잃어가는 농촌의 안타까운 현실을 확인하는 것은 그다지 유쾌한 일이 아니다.

가까스로 수풀을 헤집고 안채로 들어섰다. 미안하지만 신발을 신은 채 대청마루로 올라섰다. 부엌과 방과 대청마루에는 빈 장롱을 비롯한 정리하고 남은 살림살이가 나뒹굴고 있다. 대청마루의 벽에는 가화만사성을 비롯한 몇 점의 한문 서예작품이 걸려 있었다. 전부 유리 액자에 들어 있어 확실한 것은 모르겠으나 진품인 것으로 보였다.

눈에 띄는 작품이 있었다. 세로로 길게 '불심'이라 쓰인 작품이다. 일붕 서경보라 쓰여 있다. 일붕 스님은 조계종 원로회의 원로의원과 불국사 주지를 역임하고 불교종단 일붕선종회를 창립한 분이다. 26개 분야 120여 개의 박사학위와 천 권이 넘는 저서가 있다고 한다. 서예작품도 50만 점 이상 남겼다. 기네스북에도 등재될 정도로 박학다식했던 분으로도 유명하다.

불심이라 쓰인 액자가 벽에 걸리기까지의 연유는 모르겠다. 짐작하건대, 집안에 항상 부처님의 가피가 깃들기를 바라는 마음에서 걸었을 것만은 분명해 보인다. 사전적인 의미로 "불심은 자비로운 부처의 마음, 깊이 깨달아 속세의 번뇌에 빠져 흐려지지 않는 마음"이라는 뜻이다. 부처를 믿는 사람들은 불상처럼 불심이라는 글씨도 귀하게 여기고 함부로 다루지 않는다. 소유하게 되면 집안의 상석 자리에 위치하게 배치한다. 대청마루 정중앙에 놓인 것으로 봐서 부처님을 믿는 집안이었을 것이다. 그 보살핌으로 대도시로 나간 자손들이 다 잘되어 고향을 등진 것이었으면 다행이다.

부처님의 마음을 가장 잘 보이는 곳에 걸어두는 것을 좀 다르게 의미를 부여해 본다. 어쩌면 '불심'은 '부처님의 가피를 받는 의미'

철부지의 삶, 개똥철학이 있어 좋다

보다는 '정신을 똑바로 차리게 하는 채찍의 의미'가 더 클 것이라는 생각이다. 왜냐하면, 부처님과 하나님의 가피는 이미 온 세상에 충만하게 펼쳐져 있기에 그렇다. 그러므로 사람들은 그 가피의 품에서 근심·걱정이 없이 행복하게 살면 그만이다. 그러나 인간은 그러지를 못하고 있다. 왜냐하면, 자기의 마음에 갇혀 온통 자기만의 잣대로 시비분별을 일삼으며 세상을 심판하고 있기 때문이다.

정신을 차린다는 것은 자기의 마음에서 벗어남을 뜻한다. 자기의 마음이 없는 것임을 인정하는 것이다. 그러나 그 자존심은 꼿꼿하다. 자존심이 손상되면 죽는 줄 안다. 안간힘을 쓰고 지키려 한다. 평생을 붙들고 산 마음이기에 그것이 자기인 줄 착각하고 있다. 그러니 한없는 욕심을 채우려 아귀다툼과 불협화음에 지치고 힘이 들 수밖에 없는 것이 당연하다.

정신을 차리지 않은 삶에는 의미와 뜻이 있을 수 없다. 제아무리 부와 명예를 이뤘다고 한들 목숨이 다하는 날 물거품처럼 사라질 것이 분명하다. 앞서간 모든 이가 그랬다. 그러므로 나 또한 정신 줄을 놓고 사는 한, 그 전철을 밟을 것은 두말할 필요가 없다.

세상은 온통 하나님과 부처님의 마음뿐이다. 이 마음을 바탕으로 사는 삶이 진짜 삶이다. 이것이 진리의 삶이다. 하여 정신을 차리는 일은 그 어떤 일 보다 우선되어야 한다. 자기의 마음에서 벗어나는 방법은 지금 여기에 집중하는 것이다. 지금 여기만이 세상에 존재하는 순간이고 찰나다. 그런 면에서 '불심'은 정신을 차리게 하는 안성맞춤 주문이다. 자기의 마음에 빠졌다가도 '불심'을 쳐다보는 순간, 바로 정신을 차리고 지금 여기, 하나님 부처님의 세상에 머물게 된다. 그러니 집안의 가장 중심에 걸린 '불심'은 온 집안의 식구를 살리는 천상의 마법이 걸린 주문으로써 손색이 없다 할 것이다. '불심'을 쳐다보는 순간, 하나님 부처님의 광명 세상이 펼쳐지는 기적이 일어난다.

　'불심'을 만난 매향리 일대가 요즘 시끄럽다. 화옹지구 간척지에 수원공군비행장이 이전되고, 덧붙여 경기남부통합국제공항이 들어설 모양이다. 화옹지구는 서신면 궁평리와 우정읍 매향리를 연결한 화성 방파제 공사로 만들어진 간척지다. 이곳에 공항이 들어서게 되면 매향리 인근은 다시 전투기의 소음이 들려올 것이다.

　다만, 다른 점이 있다면 화약 냄새 대신 매화의 향기와 맛깔스러운 굴 내음이 진동할 것이라는 사실이다. 50여 년 전에도 그랬듯이 매향리 주민은 힘에 밀려, 수긍하고 받아들여야 할 것이다. 그래도 제발 고향 집을 버리고 떠나지 말기를, 대청마루에 '불심' 액자만 덩그러니 매달려 있지 않게 하기를 빌어본다.

기도(祈禱)와
궤도(祈禱)

　　삶이 기도라는 걸 알았다. 삶과 기도는 하나였다. 삶과 행동이 경건해졌다. 진지해지고 성스러워졌다. 매 순간이 예배를 드리는 시간이었다. 삶과 예배도 궤를 같이하는 것이었음이 확연해졌다. 밥 한술 뜨는 일이 숭고해졌고, 주변의 모든 사람이 천사로 다가왔다. 시비가 끊어졌다. 이렇듯 기도는 내 마음이 드러나는 걸 경계시킨다. 심판자가 되어 세상을 시비 분별 하려는 순간, 멈출 수 있게 한다.

　삶의 터전이 성전과 법당이었음이 드러났다. 성전과 법당에서 함부로 행동하는 사람은 드물다. 더욱이 기도하는 시간이야 두말할 필요가 없다. 거래처와 미팅을 하는 것이 기도가 되었다. 솔직하게 다 드러내어 협조를 구하게 되니, 변명 따위가 필요치 않았다. 직원들과의 소통 또한 기도 그 자체였다. 서로에 대하여 허심탄회해졌다. 불협화음이 발붙일 틈이 없어진 만큼 업무는 일사천리로 달렸다. 삶이 기도와 연결되는 순간, 세상은 온전히 하나로 드러난다. 그러므로 기도는 오롯이 나를 내려놓는 것에서 출발하게 된다.

지금까지의 기도는 기도가 아니었다. 단지 귀신의 마음으로 자신이 원하는 바를 읊조리는 기원에 불과할 뿐이었다. 하나님 부처님께서 인간들의 기도를 전부 다 들어 준다면 세상은 대혼란의 소용돌이에 휘말릴 것이 분명하다. 그러니 기도를 들어 주고 싶어도 들어줄 수가 없는 노릇이다.

기도 대부분이 자기중심적인 세상을 더욱 공고히 하고 싶은 바람을 담고 있다. 욕심에 욕심을 더하는 것으로 가득 차 있다. 게다가 신을 나의 명령을 수행하는 소유물인 양 대하고 있다. 말투는 최대한 공손하게 포장하였으나 하는 꼴은 정반대다. 이리하소서, 저리하소서, 이리하십시오. 저리 하십시오. 가관이다. 갑질도 이 정도면 아무리 급여를 많이 준다고 해도 붙어 있을 직원이 없을 터이다. 하물며 받들어 모신다는 신에게 이 정도면 횡포에 가까운 언행이다.

기도는 빌기(祈) 빌 도(禱)의 한자어다. 풀어보면 빌고 또 빈다는 의미다. 신께서 들어줄 것도 아닌데, 무엇을 빌고 또 빈다는 말인가. 우리가 빌 것은 한 가지밖에 없다. 그것은 욕심으로 가득한 마음을 내려놓고, 하나님 부처님의 마음을 빌려 살겠다는 것이다. 이것이 기도의 진정한 숨은 뜻이 아니겠는가?

한자어 빌기(祈)는 다른 의미로 산제사 궤(祈)도 된다. 이것은 어쩌면 '기도'가 아니라, '궤도'였어야 마땅했다. 산제사가 무엇인가? 그것은 허상으로 가득한 자신의 마음을 다 내려놓고 비워내겠다는 의미가 아닌가. 욕심으로 가득한 좁아터진 아집 덩어리 속에 하나님 부처님의 순리의 마음이 임하시는 일은 없다. 하여 부자가 천국에 가는 것은 낙타가 바늘구멍을 통과하기보다 어렵다고 한 것이리라.

정리하자면, 나는 밥을 빌어먹는 거지였음이 분명하다. 자기의 마음으로 세상이 돌아가는 줄 알았지만, 정작 세상은 하나님 부처님의 마음으로 그 섭리인 순리로 다스려지고 있다. 나는 그 순리인 자연의 마음에 빌붙어 살고 있었다. 그러니 거지가 아니고 무엇인가?

거지도 밥을 빌기 위하여 몸을 낮추고 머리를 조아릴 줄을 안다. 하물며 하늘에 빌붙어 사는 인간의 기도야 두말할 필요가 없다. 기도는 가장 낮은 자세로 허상인 자기의 마음을 하나도 남김없이 비우고 또 비워야 한다. 진짜 기도는 자기라는 마음이 하나도 남김없이 제물로 바쳐질 때 하늘에 닿는다. 그렇지 않고 "신이시여! 저를 버리시나이까?"를 외치는 한 기도는 공허한 메아리로만 남을 것이 분명하다. 기도는 "아버지 뜻대로 하소서"처럼 온전히 내려놓고, 내어 맡기는 기도여야 한다. 소원이나 들이대며 윽박지르는 기도는 절대로 하늘에 이르지 못한다.

삶이 기도가 되었다. 그와 동시에 기도는 나의 경거망동을 감시하는 역할자로 자리를 잡았다. 24시간을 철통같은 보안을 유지하는 느낌이다. 또 하나, 기도는 정신을 차리게 하는 특효약이 되었다.

인간의 삶은 조금만 정신 줄을 놓으면 자기의 마음속에 빠져 허우적거리는 것이 일상이다. 끝이 나버린 바둑판을 부여잡고 복기를 하는 것처럼, 지난 과거를 움켜쥐고 붉으락푸르락하게 된다. 안타까움에 몸서리를 치기도 하고, 서러움에 복받쳐 하염없이 상념에 빠져들기도 한다. 과거 속의 등장인물은 모두 제자리로 돌아가 각자의 삶을 살고 있건만, 나만이 꼬질꼬질하게 궁상을 떤다. 이런 형국에서 빠져나오게 하는 것이 기도다.

기도에는 일상의 삶을 하나님 부처님의 세상으로 되돌리는 마법이 있다. 하루를 살아도 정신을 차린 삶이어야 한다. 한순간도 놓치지 않고 하나님 부처님의 마음에 머무는 삶을 가능하게 하는 것이 기도(祈禱)다. 아니, 궤도(祈禱)다.

철부지의 삶, 개똥철학이 있어 좋다

철부지와 해탈

　　나이를 먹어감에 따라 저절로 철이 들어가는 것인 줄 알았다. 그러나 나이만 먹었을 뿐 철이 들어 세상의 흐름이 확연해지는 느낌은 별로 없다. 오히려 나만의 기준 잣대만 굵고 단단해져 가는 것을 실감한다. 철듦은 고사하고 점점 더 아집의 삶으로 빠져가는 느낌이 들 때가 많다.

　언제부턴가 사리 분별을 못 하는 것이 철부지가 아니라, 나잇값을 못 하는 것이 철부지라는 생각을 하게 된다. 이러다가 세상에 나온 값을 치르지도 못하고, 외상값만 잔뜩 걸머진 채로 생을 마감할 수도 있겠다는 불안감이 엄습한다. 언제쯤에나 정신을 차리고 자연 이치에 따라 순리의 삶을 살아갈 수 있을 것인지 걱정이 앞서는 오늘이다.

　깨달음의 영역에서 보면 철부지는 나 중심적인 삶에 묶여서 세상과 하나 되지 못한 채로 사는 것을 의미하는 것 같다. 나 중심적인 삶은 무엇일까? 그것은 7가지에 집착하는 것으로, 돈·사랑·명예·인연·자존심·건강·종교에 매달려 사는 것을 일컬음이다.

어리석게도 나를 비롯한 모든 사람이 이것에 평생을 바치고 있다. 온통 이것들에 매달리고 구하는 것에 혈안이 되어 허송세월하다가 스러진다. 하물며 이것들 때문에 생을 포기하기도 하고, 최소한의 양심마저도 저버리는 경우가 허다하다.

7가지 집착에는 달콤한 꿀이 발라져 있다. 그러니 자칫 꿀에 현혹되었다가는 떼려야 뗄 수가 없는 지경에 빠지게 되어있다. 어쩌면 이것이 진짜 선악과의 죄업인 것인지도 모르겠다.

이런 어처구니없음의 이유는 집착들이 수단과 과정이지, 궁극의 목적은 아니라는 걸 잊었거나 모르기 때문이다. 7가지를 뛰어넘으면 도달하는, 세상 너머의 세상이 있음을 모르기에 그러할 것이다. 수단과 과정이 필요한 것에는 이유와 까닭이 있음을 알아야 한다.

이유와 까닭은 간단하고 명료하다. 그것은 두말할 필요도 없이 이것들이 철이 드는 과정에 필요한 우여곡절을 만들어 주기에 그러하다. 우여곡절은 쓰임새를 부여하는 단조와 담금질이지, 나를 괴롭히거나 힘들게 하려는 것은 아니다.

수단과 과정은 말 그대로 수단과 과정일 뿐, 그것들에서 목적을 찾을 수는 없다. 단지 삶이 그것들을 얻는 것에만 급급한 것이라면, 삶은 참으로 보잘것없는 것으로 전락하고 만다. 덧없는 삶은 이래서 나온 말이다.

덧없음의 덧은 의미를 말한 것이다. 담금질과 단조를 통해 만들어진 농기구는 농사일에 써져야만 의미가 있다. 따라서 집착하며 얻으려 하는 것들의 의미를 되새기고, 이를 통하여 이루려는 목적을 아는 것이 진짜로 철이 제대로 드는 일일 것이다.

철부지에게 있어 돈은 헛심의 시작이다. 돈의 힘에 기대어 세상을 좌지우지하려 든다. 이런 헛심은 마약과도 같은 강한 중독성을 가진다. 한번 빠지면 헤어나기가 어렵다. 이것의 힘을 빌려서 세상을 다 가진 양한다. 그러나 헛심은 헛심일 뿐 언젠가는 그 실체가 드러나게 마련이다.

돈, 그 자체만으로는 삶의 본질이나 목적을 찾을 수는 없다. 왜냐하면, 목적은 그 너머의 세상에 존재하고 있기 때문이다. 그러므로 본질을 향한 분명한 목적이 있어야만 돈을 쓰임새에 맞게 부릴 수가 있는 것이다.

돈이 왜 필요하고 어떻게 쓸 것인지에 대한 분명한 설정이 있어야만 하는 이유이기도 하다. 그러나 명심할 것이 있다. 그것은 철이 든 후의 세상엔 돈이 필요치가 않다는 것이다. 왜냐하면, 철이 들었다는 것은 세상을 모두 품었다는 것이기에 더 가질 것이 없기에 그러하다.

사랑도 마찬가지다. 우선은 얄팍한 동정심과 어설픈 베풂, 일시적인 쾌락과 흥분 따위를 사랑이라고 규정하고 있는 철부지에서 눈을 떠야 한다. 사랑은 인간의 마음으로 규정할 수 있는 영역이 아니다. 사랑은 자연마음의 영역임을 알아야 한다. 사랑은 결코 필요 때문에 만들어 붙였다 뗐다 하는 영역이 아니다.

사랑은 내 마음을 다 비워 하나님 부처님의 마음이 드러나고서야 싹트는 것이다. 그러므로 사랑이라는 허상 때문에 힘들어하거나, 일희일비할 필요가 없다. 그럴 시간이면 어리석은 내 마음 비워내는 일에 매달릴 일이다. 이것만이 진짜 사랑에 다다를 수 있는 제대로 철드는 자세다.

명예라고 해서 다르지 않다. 불과 몇 년도 안 되는 자리를 부여받고 모든 걸 이룬 듯이 행동하는 것처럼 철없는 짓은 없다. 가장 크고 명예롭다는 자리일수록 더욱더 그러한 것 같다. 좁아터진 내 마음 다 버리고 걸림이 없는 무한대의 하나님 부처님의 마음으로만 임하겠다는 목적을 세우지 못하고, 자리를 탐하는 것은 어리석음이다.

좁아터진 마음에 무엇을 담는단 말인가? 철없는 언행으로 불협화음만 표출할 것이 불을 보듯 뻔하다. 국가를 책임지겠다고 나섰던 옹졸한 전·현직 인사들의 국정에 임하는 모습이 대표적이라 할 수가 있다. 국정이 혼란스러운 것은 법과 제도와 시스템이 잘못되어 그러한 것이 아니다. 그런 일은 극소수에 불과하다. 그것보다는 운용하는 사람들의 국정에 임하는 마음가짐에서 비롯된 사달이다.

인연도 그러하다. 철이 없는 사람의 안중에는 내 식구밖에 없다. 오직 내 새끼만 잘 되면 그만이다. 내 식구의 안위를 위해서는 다른 사람이 죽어 나가도 전혀 개의치를 않는다. 어찌 이리 매정한지 무섭기도 하고 섬뜩하다.

나 또한 예외가 아니어서 소름이 돋고 몸서리를 칠 때가 종종 있다. 그러나 철이 들면 가정을 이루고 자식을 낳아 기르는 삶은 필요치가 않다. 하나가 된 하나님 부처님 마음에는 모두가 가족이고 자기이기에 그러하다.

철부지의 삶, 개똥철학이 있어 좋다

자존심도 철이 드는 데 있어 커다란 걸림돌에는 틀림이 없다. 인간은 자존심이 짓밟히면 죽는 줄 안다. 치욕에 떨며 죽이겠다고 달려든다. 자존심을 지키는 것에는 물불을 가리지 않는다. 피아의 구분도 없다. 부모·자식도, 형제자매도, 부부도, 식구도, 친구도, 동료도 예외를 두지 않는다.

자존심이 무언가? 자기의 마음 덩어리가 아닌가? 한마디로 자존심은 지난 일들로 똘똘 뭉쳐진 쓰레기보다도 못한 것이다. 이 허점투성이의 실체도 없는 것을 지키겠다고 혈안이 되어 날뛰는 꼴은 참으로 어이가 없다. 이것은 객기다. 어리석음이다.

철이 드는 데는 용기가 필요하다. 자존심을 진흙 구덩이에 넣고 짓밟는 용기, 나는 매도당하고 음해당해도 싼 놈이라는 걸 인정하는 용기, 굴욕을 당해도 팔다리가 떨어져 나가도 나를 없애고 없애 보겠다는 용기가 있어야 한다.

건강을 챙기는 것에 있어서도 철이 없기는 예외가 아니다. 진리의 길을 가려고 건강을 유지한다는 사람은 드물다. 단지, 건강하게 살려고 운동을 하고 몸을 돌본다고들 하고 있다. 건강하게 사는 것이 목적이라는 소리다. 어찌 건강하게 사는 것이 목적일 수 있단 말인가? 철이 없어도 보통 없는 것이 아니다. 진리는 아니어도 좋다. 그저 건강하게 살면서 무엇을 하겠다는 아주 단순한 그 무엇이라도 정도는 있어야 하는 것 아닌가 싶다. 사람이라면 말이다. 그래서 그런지 산으로 찾아든 사람들이 자연인 행세를 하면서 온갖 약초를 캐내 방 안 가득 약술을 담아놓은 모습은 그리 예뻐 보이지 않는다.

마지막으로 종교의 철부지다. 종교를 가지는 목적이 무엇인가?

진리의 철이 들어보겠다는 것 아닌가? 그런데 어찌 한 인간의 사탕발림에 현혹되어 맹신하고 있단 말인가? 가짜 하나님 부처님 행세를 하는 그 사람의 왕궁을 만드는 것이, 자신의 진리의 길을 찾는 것과 무슨 관련이 있다고 그러는지 도무지 이해가 되지를 않는다.

하나님 부처님은 절대로 집단화하고, 편을 가르고, 세력화하고, 맹종하라고 하지 않았다. 하나님은 시멘트 공간에 갇히거나 법의 테두리에 묶이는 존재가 아니다. 성경과 불경에 담기는 존재일 수도 없다. 더욱이 하나님 부처님은 어느 한 인간이 독점하거나, 어느 한 종파가 소유하거나 하는 존재도 아니다. 그런 존재였다면 세상은 더는 세상이 아니고, 인간 세계로 전락해 버렸을 것이다.

제발 정신을 차리고 철이 들 일이다. 다시는 없는 것을 지껄여대는 앵무새 같은 인간에게 붙들려 있지 말고, 문을 열고 나와 눈에 보이는 대로 믿고 살아야 한다. 자유로이 날면서 살아야 한다. 이것이 세상의 이치다. 이것이 지혜다.

철듦이 해탈이다. 7가지 집착에 묶여 있는 집착을 풀어내는 것이고, 고집스럽게 부여잡고 매달려 있는 것에서 벗어난 일이다.

애초부터 내가 부여받은 육신에는 유효기간이 부여되지 않았다. 오직 지금 여기에만 머물 수 있는 순간 살이 티켓이 주어졌을 뿐이다. 이 같은 이치를 알기에 집착을 고집스럽게 부여잡고 살고 싶지는 않다. 다만, 제대로 철이 들어 순리의 마음만이 자리한 때, 시원하게 홀홀 육신의 탈을 벗을 수 있기만을 바랄 뿐이다.

성찰의 시간

　　병에 걸렸음을 알았을 때, 제일 먼저 해야
할 일은 자신의 생활 습관과 성격과 마음 상태를 되돌아보는 것
이다. 이런 자세는 치료를 빠르게 할뿐더러 수술 경과도 좋게 한
다. 또한, 재발을 방지하는 데도 많은 도움이 된다. 그렇지 않으
면 반대의 상황이 전개될 가능성이 높다.

　의사로부터 위중한 병을 통보받게 될 때 당사자는 물론 가족들
까지 일시적인 패닉 상태를 보이게 마련이다. 온갖 정보와 친인
척을 동원하여 치료할 병원과 의사를 알아보느라 정신이 없다.
완치사례를 귀동냥하고 병에 효험이 있다는 온갖 약재와 음식을
찾느라 분주하다. 그러한 가운데 정작 가장 중요한 것을 소홀히
다루거나 놓치고 만다.

　발병되면 제일 먼저 할 일은 마음을 가다듬는 동시에 발병의 이
유 내지는 원인을 곰곰이 짚어보는 것이 중요하다. 그것은 병이
마음에 따라 상태를 달리하기 때문이다. 아울러 발병 이유와 원
인을 찾아서 이를 멀리하거나 개선하는 것이 병을 치료하는 데

도움이 된다. 그러나 이를 무시한 채 발병의 원인 속에 계속 머물러 있거나, 마음의 안정 없이 허둥대기만 하는 경우 병을 더 악화시키거나 치료를 잘하고서도 예후가 안 좋아 고생이 하게 될 수도 있다.

선진국 대열에 올라섰다는 것을 실감 나게 하는 대표적인 곳 중 하나가 병원과 약국이라는 데는 이론의 여지가 없을 터이다. 외국에서도 치료목적으로 한국을 찾는다고 하는 것을 보면 우리나라의 의료수준이 해외에서도 인정받을 정도로 발전한 것만은 분명해 보인다.

불과 50~60년 전만 해도 대도시를 제외하고는 의료시설이라고 해봐야 읍내에 의원이 두어 곳 정도 있었을 뿐이었다. 그것도 어지간히 중한 상태가 아니면 병원에 가지 않는 것이 불문율이었다. 당시 병원에 가는 경우는 대부분 맹장염이었던 것으로 기억된다. 요즘은 맹장 수술이 2~3일 정도 입원하면 되지만 그때는 입원 기간이 한 달 이상이나 되었다.

지금도 그렇지만 왜소하게 태어나 병치레가 잦았을 법도 하다. 하지만 20살이 될 때까지 병원에 갔던 것은 단 한 차례 치과에 갔던 것 말고는 기억에 없다. 그 정도로 병원은 실생활과 거리가 멀었다. 지금이야 뾰루지 하나만 생겨도 병원엘 가는 게 당연한 시절이니, 격세지감이 보통이 아니다.

이런 현실이 반영된 것인지는 몰라도 어릴 적 마을 인근에는 병원을 대체하는 사람들이 존재하고 있었다. 지금이야 무허가 의료행위로 간주하여 돌팔이로 치부될 것이 분명하지만, 그 시절에 그들은 엄연한 의료인이었다. 의료인 정도가 아니라 생명을 구해 준 은인으로 각인된 경우도 허다하다.

그들은 ○○침쟁이 아저씨, ○○리 한약방, ○○약국(방), ○의사 등으로 불렸다. 대부분 살림집에 딸린 방 한 칸이 이네들이 의술을 펼치는 곳이다. 간판은 아예 없고 있어도 보일 듯 말 듯 초라하기만 했다. 불법인지라 당시에도 떳떳하게 내세우고 의술을 펼치지는 못하였던 것 같다. 이들이 배출된 경로는 군대의 의무병, 약국 보조, 한의원 보조, 선대로부터 배운 침술 등 다양하다. 후에 이런 행위들은 의료법 등이 강화되면서 서서히 자취를 감추게 되었고, 빛바랜 간판만이 한동안 덩그렇게 남겨지게 된다.

약골로 태어났지만, 병치레 없이 잘 자란 것은 부모님의 지극정성과 주변에 있던 비정규 의료인들의 보살핌도 한몫했다고 봐야 한다. 특히, 침과 한방치료를 받았던 기억이 생생하다. 한방치료는 황달 때문이었고, 급체했을 때는 사관 침을 주로 맞았던 것 같다. 어린 나이라서 침 맞는 것이 무서웠을 법도 하다. 그러나 얼마나 그 효험이 좋았으면 체했을 때는 으레 사관 침을 자청했을 정도다.

침쟁이 아저씨는 귀찮을 법도 하건만 늦은 밤이건, 새벽이건 마다하지 않고 부름에 응했다. 그렇다고 해서 사례를 따로 받는 법도 없었다. 그저 감사하단 인사치레가 전부였다. 아저씨는 엄지와 검지 사이에 침을 꽂으시며 "여기가 합곡혈이다." 엄지발가락과 검지 발가락 사이에 꽂으시며 "여기가 태충혈이다."라고 말씀하셨다. 이렇게 네 곳에 침을 맞고 나면 잠이 들었고, 잠을 깨고 나면 언제 그랬느냐는 듯 몸이 개운했다. 물론 어머니는 졸린 것도 잊으시고 "엄마 손은 약손 ○○배는 똥배"를 중얼거리시며 아픈 자식의 배를 문질러 주셨을 터이다. 나이 들어 생각해 보니 당시 그렇게 효험이 좋았던 것은 침도 침이지만, 이분들의 간절한 마음이 아픔을 녹여낸 덕분일 것이 분명하다.

병이 나면 약과 병원을 찾느라 분주하다. 그러나 우리는 '혈액이 최고의 명약과 명의'라는 사실을 명심할 필요가 있다. 그렇지 않고 허둥대며 분주한 경우 자칫하면 치료를 어렵게 하거나 치료 기회를 상실하게 될 수도 있다.

혈액은 우리 몸을 이루는 60조 개의 세포 하나하나에 산소와 영양을 공급하고 있으며, 세균과 바이러스로부터 조직 세포를 보호하는 역할을 담당하고 있다. 그러므로 혈관과 혈액의 상태는 항상 튼튼하고 깨끗하게 유지되어야 한다.

심혈관계와 밀접한 것이 마음과 음식과 습관이다. 그중에서도 마음의 상태는 혈관과 혈액에 미치는 영향이 매우 크다. 그러므로 건강에 적신호가 켜지면 제일 먼저 해야 할 일이 자신의 마음을 살피는 '깊은 성찰의 시간'을 갖는 것이 좋다. 화를 잘 내는지, 스트레스에 시달리고 있는지. 성격이 급한지, 우울의 상태인지, 불안한지, 괜한 욕심과 집착을 하고 있지는 않은지, 원수를 마음에 담고 매일 다투고는 있지 않은지…… 이런 상황 등은 혈관수축에 영향을 끼치며, 혈액의 각종 수치를 결정하는 중요한 요인으로 작용한다.

우리 몸을 지탱하고 있는 심혈관계는 도랑과 개울과 시냇물과 강물이 어우러진 자연 속의 물흐름과 유사한 면이 참 많다. 알맞

철부지의 삶, 개똥철학이 있어 좋다

은 햇살과 적당한 비바람 속에서의 물 흐름은 더없이 아름답고 평안을 준다. 그러나 이상기온과 갑작스러운 폭우에는 어떤가? 가뭄에 타들어 간 물길은 거북 등 껍질처럼 갈라져 더는 젖줄일 수가 없게 된다. 갑작스러운 폭우에는 물이 넘치고 제방이 터지고 순식간에 물길을 바꾸어 버리는 등 대 혼돈의 도가니가 되기도 한다. 그런 상황을 겪고 난 개울 길과 강줄기는 처참하기가 그지없다. 망가진 자연의 흐름은 오랜 시간 심한 몸살을 겪게 되고, 회복에도 오랜 시간이 걸린다.

마음 상태에 따라서 이와 똑같은 모습이 우리 몸에서도 일어난다. 기가 찰 노릇에 처해 혈관이 막힐 수도 있다. 화가 치밀어 혈관이 터지기도 한다. 우울과 불안으로 면역력이 급격하게 떨어질 수도 있다. 더하여 식습관도 매우 중요하다. 혈액에 도움이 되는 음식을 골고루 섭취하면 좋으련만, 그렇지 않을 경우가 다반사다. 기름지고 자극적이다. 보기 좋고, 먹기 편하고, 맛이 좋은 것들만을 골라서 먹는다. 게다가 술과 담배까지 곁들이고 있다면, 그야말로 최악의 식습관이다. 이리하고도 온전하길 바란다면, 아무 탈이 없기를 바란다면 곤란하다.

병이 찾아 들었다는 것은 다 이유가 있는 법이다. 그러므로 병을 통보받는 순간, 무엇보다 우선할 일은 정신을 차리는 것이다. 정신을 차린다는 것은 지금의 상황을 정확하게 인지하는 것이다. 마음이 향하고 있는 현주소를 아는 것이고, 자신이 즐기는 기호식품과 섭취하는 음식을 아는 것이고, 자신의 생활 습관을 직시하는 것이다.

성찰 이후, 깨달은 바가 있어 진짜 마음공부에 대한 분발심이 조금이라도 돋아난다면 좋겠다. 그리된다면, 아픔은 더 이상 아픔이 아니고, 슬픔은 더 이상 슬픔이 아닐 것이다. 오히려 그것들은 진짜의 삶에 한 발 더 다가서게 하는 인생 최고의 선물이 될 것이다.

글을 마치며

　살기를 포기하는 사람들이 점점 많아지는 세상이다. 그만큼 삶이 답답하다는 걸 말해주고 있다고 본다. 그렇다고 부여받은 에너지가 다 소모되어 돌아가는 분 중에서 답을 찾은 이가 몇이나 될는지 궁금하다.

　답이 있으면 시원스레 내뱉어 주고 가야 마땅하다. 그것도 한바탕 시원스레 너털웃음을 지으면서 말이다. 그런 이를 아직은 보지 못했다. 혹시 혼자만 답을 찾고 몰래 돌아갔나? 그렇다면 그이는 세상의 답을 찾은 것이 아니라, 자기만의 답을 찾은 것이 분명하다.

　답답한 것은 자기 마음속이 답답한 것이지, 세상은 절대로 답답하지 않다. 세상이 답답한 속이라면 모든 사람이 속이 터져 죽었어야 마땅하다. 그러나 세상 사람들이 잘 살고 있는 것으로 봐서 그런 것은 아닌 모양이다. 그러니 답답하거든 자기의 마음속에서 빠져나오는 것이 상책이다.

자기 마음속에서 빠져나오는 방법은 의외로 간단하다. 눈을 뜨고 눈앞의 물체만을 집중하고 바라보는 것이다. 떠오르는 생각은 멈추고서 말이다. 아 저것이구나! 아 저것이 있구나! 아 나무가 있구나! 아 나무구나……. 운전할 때도, 아 앞차가 있구나! 아 뒤차도 있구나!

자려고 눈을 감았을 때는 숨이 들고 남을 놓치지 말고 의식하면 된다. 떠오르는 생각에 잡혀갔으면 정신을 차려 제자리로 오면 된다. 그러다가 잠들면 그만이다.

이 이상 아무것도 없다. 이것이 정신 차림이고, 이것이 깨달음이다. 자기의 마음속에 빠져 있지 않고 지금, 이 순간에 오롯이 존재하는 것, 이것 말고 더는 찾을 것도 없을뿐더러 더 찾을 필요도 없다.

이것이 기도다. 이것이 진정한 기도다. 기도만 잘하면 산다. 수시로 때때로 기도하길 권한다. 답답하거든 제발 기도에 정진하길 바란다. 삶이 기도였으면 좋겠다. 모든 일상이 기도 자체가 된다면, 그러한 날이 온다면 더할 나위가 없겠다.

긴 시간 어쭙잖은 글 읽어 주심에 깊은 감사를 드린다. 부디 기도가 잘 먹혀, 답답한 마음속에서 탈출하였기를 바란다. 대해탈, 대자유를 만날 수 있기를 기원한다. 모두 다 일취월장하고, 다음 지면을 통해 다시 만나기를 기약해 본다.

혹여, 의문 의심에 답답하거든, 메일로 보내주시면 고맙겠다.

성의껏 답하고 소통하는 가운데, 서로 성장 발전하리라는 희망을
가져 본다.